por dentro da moda
definições e experiências

Dados Internacionais de Catalogação na Publicação (CIP)
(Câmara Brasileira do Livro, SP, Brasil)

Pezzolo, Dinah Bueno
  Por dentro da moda : definições e experiências / Dinah Bueno Pezzolo. – São Paulo : Editora Senac São Paulo, 2009.

  Bibliografia.
  ISBN 978-85-7359-850-6

  1. Estilos de vida 2. Moda 3. Moda – Aspectos sociais 4. Moda – História 5. Vestuário I. Título.

09-04432   CDD-391.009

Índice para catálogo sistemático:

  1. Moda : Usos e costumes : História   391.009

DINAH BUENO PEZZOLO

por dentro da
moda
definições e experiências

editora senac são paulo

ADMINISTRAÇÃO REGIONAL DO SENAC NO ESTADO DE SÃO PAULO

Presidente do Conselho Regional: Abram Szajman
Diretor do Departamento Regional: Luiz Francisco de A. Salgado
Superintendente Universitário e de Desenvolvimento: Luiz Carlos Dourado

EDITORA SENAC SÃO PAULO

Conselho Editorial: Luiz Francisco de A. Salgado
Luiz Carlos Dourado
Darcio Sayad Maia
Lucila Mara Sbrana Sciotti
Marcus Vinicius Barili Alves

Editor: Marcus Vinicius Barili Alves (vinicius@sp.senac.br)

Coordenação de Prospecção e Produção Editorial: Isabel M. M. Alexandre (ialexand@sp.senac.br)
Supervisão de Produção Editorial: Izilda de Oliveira Pereira (ipereira@sp.senac.br)

Edição de Texto: Pedro Barros
Preparação de Texto: Diogo Kaupatez e Nair Hitomi Kayo
Revisão de Texto: Leticia Castello Branco, Luiza Elena Luchini
Ilustrações: Dinah Bueno Pezzolo
Fotos: arquivo pessoal da autora
Projeto Gráfico, Capa e Editoração Eletrônica: Antonio Carlos De Angelis
Impressão e Acabamento: Corprint Gráfica e Editora Ltda.

Gerência Comercial: Marcus Vinicius Barili Alves (vinicius@sp.senac.br)
Supervisão de Vendas: Rubens Gonçalves Folha (rfolha@sp.senac.br)
Coordenação Administrativa: Carlos Alberto Alves (calves@sp.senac.br)

Proibida a reprodução sem autorização expressa.
Todos os direitos desta edição reservados à:

Editora Senac São Paulo
Rua Rui Barbosa, 377 – 1º andar – Bela Vista – CEP 01326-010
Caixa Postal 1120 – CEP 01032-970 – São Paulo – SP
Tel. (11) 2187-4450 – Fax (11) 2187-4486
E-mail: editora@sp.senac.br
Home page: http://www.editorasenacsp.com.br

© Dinah Bueno Pezzolo, 2009

Sumário

7
Nota do editor

11
A moda

69
A imprensa e a moda

85
Autoentrevista sobre moda

95
Histórias da moda

215
Referências bibliográficas

217
Índice geral

Nota do editor

Por dentro da moda: definições e experiências tem ares de almanaque, mas relata, em detalhes, a gênese da moda e sua evolução no decorrer das décadas e dos séculos. Como a humanidade, a moda passou por momentos de *glamour* e crise, em que viu sua utilidade questionada para, em seguida, ressurgir reinventada e forte. Seus criadores, claro, participam do livro em biografias enriquecedoras e informais – é deliciosa a história de Coco Chanel e sua pequena loja de toldo branco em Deauville, na França. Ao final, a autora brinda o leitor com um rico glossário de peças de roupa – como não se encantar ao descobrir que nossas avós vestiam *liseuse* antes de se deitarem, na leitura que servia para chamar o sono?

Além da análise histórica, que chega até a presente década, Dinah Bueno Pezzolo indica os percalços e atalhos aos interessados em profissões relacionadas ao mundo da moda, principalmente estilistas e jornalistas. Assim, à pesquisa, há um aporte prático àqueles em busca de colocação no mercado.

Não é outro o objetivo do Senac São Paulo: fornecer ao público obras que o enriqueçam culturalmente e que, ao mesmo tempo, sejam ferramentas úteis para seu cotidiano profissional.

Pode-se definir moda como um fenômeno sociocultural que traduz a expressão dos povos por meio de mudanças periódicas de estilo, estilo esse que particulariza cada momento histórico. Ligada aos costumes, à arte e à economia, a moda tem o poder de comunicar *posicionamentos sociais.*

A moda documenta o passado, mas também assinala transformações da época em que vivemos. Assim, é possível afirmar que moda é sinônimo de mudança. Para melhor compreensão das suas engrenagens, evolução e poder, é necessário buscar suas origens.

A moda

Surgimento da moda

Vestuários expressam o modo de vida e a cultura dos povos. Se, de início, o homem cobria seu corpo como forma de proteção (período Paleolítico), posteriormente enxergou nesse ato uma forma de mudar a aparência cotidiana e determinar hierarquias.

Entre os povos da Antiguidade, o modo de se vestir era símbolo de posição social, ostentava riquezas, evidenciava castas e tornou-se, inclusive, objeto de sedução. Outrora simples necessidade, o vestuário como símbolo social atingiu, pouco a pouco, todas as camadas sociais, que nele vislumbravam um caminho para valorização pessoal e prosperidade.

Podemos dizer que a moda passou a existir quando o homem se conscientizou de que um mundo melhor dependeria, também, da aparência. Indício de prosperidade, a moda denotava riqueza e poder e, assim, nos séculos XIII e XIV, aos plebeus era proibido se vestir como os nobres. No entanto, a burguesia recém-nascida passou a usar roupas semelhantes às da aristocracia e, no século XVI, advogados e pequenos comerciantes se vestiam com peças similares às da corte e altas camadas sociais.

No século XVII, uma moda paralela à cortesã pôs termo à segregação. Chamada de "moda do homem honesto", tinha como foco principal as proporções, a utilidade e o conforto. A liberdade para escolha da vestimenta, contudo, só ficou estabelecida na Convenção de 1793, na França, quando Robespierre reconheceu que uma distribuição equânime dos bens era algo irrealizável, muito embora a desigualdade social, a distância entre afortunados e miseráveis, fosse a origem de inúmeros males.

A partir da Revolução Francesa, em 1789, a principal mudança no vestuário foi a simplificação. Para os homens, o descontraído estilo camponês substituiu os tradicionais trajes aristocráticos e, para as mulheres, a preferência era por vestidos de inspiração grega, com cintura alta e saia evasê, que perduraram até o período napoleônico.

Moda de confecção e alta-costura

Na década de 1820, a simplificação dos trajes possibilitou o nascimento da confecção industrial, porém o verdadeiro progresso no setor só ocorreu a partir de 1860, com o advento da máquina de costura. A população se vestia com peças básicas, feitas de modo artesanal, ou se valia da moda operária, também conhecida como moda de confecção. O objetivo inicial da confecção era fabricar roupas militares, mas a necessidade de vestir a crescente classe de desfavorecidos originou a demanda por roupas de baixo custo.

Assim, a confecção militar se expandiu para vestir a área civil. A roupa de confecção se caracterizava por ser bastante simples, quase um uniforme, com pequenas variações de acordo com a região: era a moda popular. Mas, ao lado do povo, havia a burguesia, dona de poder econômico e político e que via na moda uma forma de diferenciação. Campo fértil para o inglês Charles Frederick Worth, que deu início, em 1857, àquilo que se tornaria a alta-costura.

Worth foi o primeiro costureiro a ganhar renome na história, e também o primeiro a usar pessoas como objetos para exibir suas criações – os primeiros modelos da moda. De início, o costureiro atendia encomendas ao gosto da cliente, mas não tardou a impor suas ideias em coleções sazonais. No final do século, uma elite privilegiada era vestida não só por Worth, mas também por Jacques Doucet e, mais tarde, por Paul Poiret.

A invenção da máquina de costura

É impossível imaginar, nos dias de hoje, o ato de costurar sem o auxílio de uma máquina. No entanto, até a metade do século XIX, as costuras eram feitas à mão, embora ideias de máquinas tenham surgido já em 1760. Foram muitas as patentes registradas e muitos os aperfeiçoamentos, visto tratar-se de um invento disputado. A primeira máquina, especial para costurar sapatos e botas de couro, foi patenteada pelo marceneiro inglês Thomas Saint, em 1790. Esquecida por certo tempo, a ideia foi retomada por inventores que desenvolveram projetos e patentearam novos modelos de máquinas de costura. No entanto, nenhuma possuía praticidade que compensasse o investimento.

Em 1830, o alfaiate francês Barthélemy Thimmonier patenteou o que pode ser considerado de fato o primeiro modelo de máquina de costura. No ano seguinte, Thimmonier recebeu uma encomenda de oitenta máquinas destinadas a uma confecção de uniformes militares em Paris. Dado o tamanho do pedido, ele passou a trabalhar como mecânico e supervisionar a fábrica. As máquinas, entretanto, incomodavam os alfaiates, que viam ne-

Ilustração da máquina de costura da Singer, publicada em 1858. Autoria desconhecida.

las uma ameaça ao seu ganha-pão. Por essa razão, incentivaram as massas a destruí-las, restando apenas uma, que Thimmonier levou consigo para sua cidade natal, Amplepuis. Viajando a pé, o alfaiate exibia a máquina como curiosidade, conseguindo, desse modo, arrecadar algum dinheiro. Nessa mesmo período, em Londres, Philip Watt patenteava seu modelo de máquina de costura.

Em 1845, Thimmonier recebeu uma oferta de M. Magnin para a produção em série do seu modelo mais recente de máquina de costura, inteiramente de metal e capaz de dar duzentos pontos por minuto. No entanto, após três anos, a história se repetiu: uma nova multidão, temerosa dos efeitos da mudança, destruiu tudo.

Em 1850, o norte-americano Allen B. Wilson patenteou um tipo diferente de máquina de costura: no lugar da lançadeira deslizante, usada até então, ela possuía um gancho giratório, que colhia o fio superior. Posteriormente, o invento foi aperfeiçoado pelo mecânico Isaac Merrit Singer, também norte-americano.

Singer, após conhecer uma máquina de costura em 1850, na oficina de Orson Phelps, analisou seu funcionamento e sugeriu modificações, entre elas, o movimento a pedal. Foi uma revolução. As máquinas eram movidas por meio de uma manivela, que ocupava a mão direita, restando à esquerda a dura tarefa de arrumar e guiar a peça costurada. O pedal permitiu movimentar a máquina com os pés.

Após onze dias, a primeira máquina de costura de máximo aproveitamento estava pronta. No ano seguinte, era patenteada.

As primeiras máquinas Singer eram montadas na parte superior dos próprios caixotes da embalagem. A ideia valiosa de

Singer foi unir a manivela (à direita do corpo da máquina) a um pedal por uma haste rígida de madeira. Esse detalhe permitiu às mulheres utilizar ambas as mãos na costura.

De início, o público não acreditava no funcionamento da máquina, mas sua credibilidade não tardou a se impor. Isaac Singer continuou a aperfeiçoar a máquina até sua morte, em 1875, aos 63 anos.

Singer foi também pioneiro na introdução do sistema de vendas a prazo, facilitando a aquisição do equipamento. Sete anos após a patente, em 1858, o primeiro ponto de venda das máquinas fora dos Estados Unidos foi inaugurado no Rio de Janeiro. Hoje, a The Singer Company está presente em mais de 150 países e produz cerca de 250 modelos diferentes.

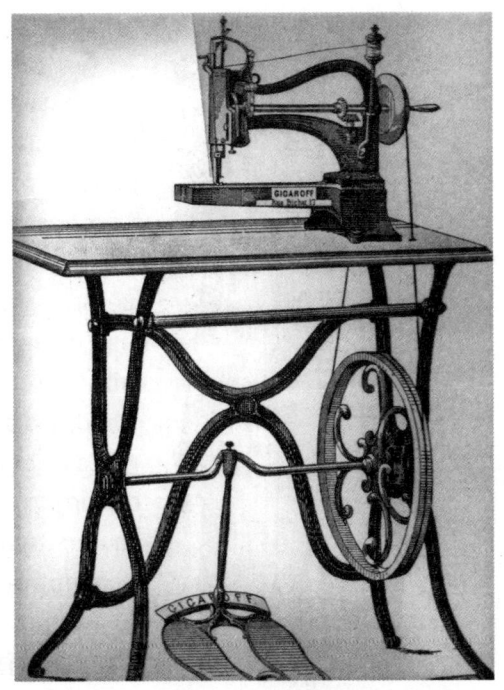

Depois da inovação do pedal feita por Isaac Singer, outros fabricantes passaram a adotar o mesmo sistema em suas máquinas. Esta, de M. Gigaroff, toda em metal e com arabescos típicos da art nouveau, oferecia ainda a opção da manivela.

Popularização da costura e da moda

Graças à invenção da máquina de costura no final do século XIX, a grande maioria das mulheres de classe média possuía costureira particular, cujo endereço era mantido em segredo como forma de garantir exclusividade no vestir. Entre as famílias mais abastadas, era comum a costureira ser uma espécie de camareira.[1]

---

[1] Cf. Bruno du Roselle, *La mode* (Paris: Imprimerie Nationale, 1980), p. 87.

Roupas em série

Nesse final de século XIX, para atender a parte da burguesia que, por algum motivo, não podia ir a costureiros, surgiu um tipo de confecção capaz de fabricar roupas mais elaboradas que as peças populares. Costureiras ou alfaiates bem-sucedidos, auxiliados por operários, fabricavam roupas em série que eram vendidas à clientela a preços mais acessíveis. Se obtivessem êxito, as roupas eram vendidas em butiques de moda e grandes lojas.[2]

Essa forma de distribuição de roupa já confeccionada surgiu nos Estados Unidos, expandindo-se de maneira positiva por toda a Europa. Na França, ficou concentrada em Paris e podia ser encontrada em Printemps, Galeries Lafayette, Le Louvre e Le Bon Marché, lojas inauguradas no século XIX.

No que concerne à criação, até 1908 a evolução no vestuário foi limitada, voltada apenas aos detalhes. A partir de 1909, uma revolução no vestuário feminino deu início à popularização da moda. Graças ao estilista francês Paul Poiret, a mulher teve as roupas simplificadas, ganhando leveza e liberdade (ver item "*Belle époque*", p. 37). Poiret eliminou espartilhos e estruturas artificiais, dando à mulher uma silhueta fluida. Essa mudança demorou de dois a três anos para se concretizar – pouco tempo, visto que a moda impunha o uso de espartilhos e armações havia quase quatro séculos.

Poiret tinha uma visão incrível sobre o futuro da moda. Uma observação sua, feita no início do século XX, é válida até hoje: "Qualquer exagero em termos de moda é o sinal de seu fim".[3]

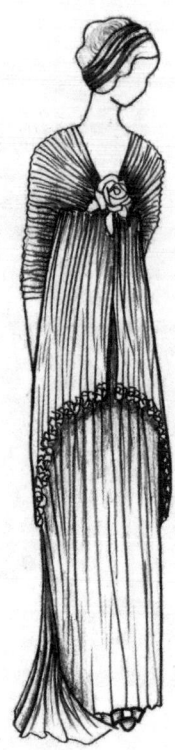

O vestido "Josephine", de tule malva e lilás, criado por Paul Poiret em 1910.

---

[2] Ibid., p. 90.
[3] Cf. Paul Poiret, *En habillant l'époque* (Paris: Grasset, 1986), p. 212.

Mudanças de hábitos, desenvolvimento dos meios de transportes e, principalmente, a expansão industrial permitiram que a alta-costura, privilégio de poucos, e a confecção, disponível a muitos, passassem a caminhar em paralelo, resguardadas suas diferenças.

A moda padronizada, industrializada, se aperfeiçoou e conquistou o mundo de tal forma que, após as duas guerras mundiais, o vestuário passou a espelhar as transformações da vida social.

Nas décadas de 1950 e 1960, hippies, punks e roqueiros democratizaram a moda e desfizeram distinções entre os sexos. Insatisfeitos com os visuais impostos e à procura de uma imagem mais adequada a suas filosofias de vida, esses jovens, com trajes de inspiração folclórica, de tecidos negros e acessórios como tachas e correntes prateadas, ou ainda com um visual revivido do passado clássico, acabaram por infiltrar a moda das ruas nas passarelas (ver item "Da antimoda à moda", p. 33).

A influência do esporte nos trajes femininos remonta à década de 1880, quando da invenção da bicicleta como é conhecida hoje. Para a prática dessa atividade esportiva, surgiram as primeiras calças, bastante largas, que cobriam os joelhos.

Fatores que influenciam a moda

A moda documenta períodos históricos, e, dessa forma, é compreensível que seja influenciada por acontecimentos das esferas política, social, cultural, artística, industrial, esportiva e afins. Não foram poucos os fatores que interferiram nas transformações do vestuário a partir do final do século XIX.

Mudanças iniciais

A evolução do vestuário durante a Primeira Guerra (1914-1918) resultou da condição de vida imposta às mulheres, principalmente pela necessidade de substituírem os homens em tarefas tradicionalmente masculinas. A partir de 1916, uma cruel realidade assombrava a população: homens eram afastados de escritórios, usinas e ofícios em geral e convocados ao combate. As mulheres passaram a ocupar seus lugares (ver item "Década de 1910", p. 38).

As circunstâncias impunham a simplificação dos trajes femininos, e muitas passaram a usar uniformes. Foi a primeira vez na história da moda que tal fato ocorreu. A vida cada vez mais ativa das mulheres, além das práticas esportivas, tiveram papel importante nessa evolução bem aceita.

Se Poiret mudou a silhueta da mulher, libertando-a de artifícios que lhe conferiam curvas falsas e rígidas, a deflagração da Primeira Guerra Mundial atrasou a evolução que era anunciada, e a moda sofreu mudanças motivadas pela necessidade.

É interessante observar que, se as roupas diurnas eram simples, à noite as mulheres priorizavam vestidos atraentes e sofisticados. Seria a necessidade de exteriorizar uma sensualidade nata ou simplesmente uma forma de se adaptar à nova realidade: trabalho durante o dia e divertimento nas horas de lazer?

Da Europa para o mundo

Alguns fatores contribuíram para catalisar a difusão da moda europeia pelo mundo. Os mais importantes foram o desenvolvimento industrial e dos transportes, a colonização e os movimentos políticos.

Nas décadas de 1920 e 1930, o desenvolvimento industrial que atraiu trabalhadores rurais para os grandes centros urbanos incentivou a troca de roupas tradicionais - no geral incômodas - por peças de confecção, baseadas em modelos europeus. Ásia, Oriente Médio, África e América do Sul, até então ausen-

Chanel: antes, durante e depois da guerra

Chanel é um marco na história da moda, em que existe o "antes de Chanel" e o "depois de Chanel". Comenta-se seu gênio e talento, seus amores e seus interesses, porém pouco é dito do seu início de carreira, sua perseverança e coragem. Sua moda não foi concebida de maneira sonhadora; nasceu de sua vivência, observação e capacidade de adaptação.

Em 1912, Coco Chanel conheceu Arthur Capel, conhecido na alta sociedade por seu carisma, fortuna – proveniente do transporte marítimo e do carvão – e talento como jogador de polo. Chanel foi uma das muitas amantes de Capel, e ele foi o primeiro da longa lista de amantes de Chanel.

O futuro de Chanel começou a se delinear quando Capel mostrou interesse naquela mulher *mignon*, inteligente e curiosa. "Quando cavalgavam juntos, ela usava as roupas dele e, percebendo quanto parecia gostar delas, Capel insistiu em levá-la ao seu alfaiate para fazer um novo guarda-roupa."[4] Ambiciosa, Chanel encontrou em Capel o apoio de que necessitava para concretizar seus sonhos e ambições. Pode-se afirmar que Arthur Capel foi o alicerce do sucesso de Coco Chanel.

De início, Chanel dedicou-se apenas à criação de chapéus. Enquanto a moda entre as mulheres era usar modelos enormes que precisavam ser equilibrados na cabeça, os de Chanel se distinguiam por serem bem menores, simples e charmosos.

Dos chapéus, Chanel passou rapidamente para as roupas. Se Poiret dera liberdade ao corpo da mulher, Chanel a despertou para a moda. Sedutora e carismática, sabia que bastava vestir determinada roupa para que ela se tornasse moda instantânea. Chanel passou a ser imitada e, assim, seu sucesso cresceu. As roupas à venda em sua loja, no primeiro andar da rue Cambon – onde ainda hoje funciona a Maison Chanel –, eram inspiradas em seu guarda-roupa particular, marcado pela praticidade.

Com o apoio financeiro de Capel, não tardou para que Chanel inaugurasse uma filial em Deauville, cidade de veraneio frequentada por franceses e ingleses afluentes. Cassino, teatro, restaurantes, pistas de dança, lojas elegantes: era um mundo de requinte, por onde desfilavam artistas e expoentes da alta sociedade.

No meio de vestidos de cores chamativas e chapéus enormes e cheios de plumas, as roupas e os chapéus discretos de Chanel se destacavam, fazendo as mulheres se sentirem mais jovens. Saias curtas, soltas e rodadas substituíram as longas, que atingiam os tornozelos e eram vestidas com túnicas que alcançavam os joelhos.

Em agosto de 1914, deflagrou-se a Primeira Guerra Mundial. Da noite para o dia, a efervescente Deauville se transformou numa cidade fantasma. Capel aconselhou Chanel a manter a loja aberta. Funcionou: as famílias abastadas, fugin-

---

[4] Cf. Janet Wallach, *Chanel: seu estilo e sua vida* (São Paulo: Mandarim, 1999), p. 31.

POR DENTRO DA MODA

A marca Chanel destacou não apenas calças compridas, blazers, roupas de jérsei, tailleurs com passamanarias e botões, o famoso "pretinho" e as incomparáveis golas acompanhadas de punhos brancos, mas também acessórios como sapatos bicolores, bolsas matelassê com alças de corrente, laços, camélias e bijuterias, estas, muitas vezes copiadas de suas joias pessoais, a maioria presentes de seus amantes.

do dos focos dos conflitos, procuraram a segurança de Deauville. Na mudança repentina, contudo, não houve tempo para trazer roupas e pertences, e a única opção das mulheres era a loja de toldo branco com "Chanel" escrito em preto. Obviamente, os preços exorbitantes não foram fator impeditivo.

Em meados de 1924, as coleções de Chanel refletiam seu caso de amor com o duque de Westminster, o homem mais rico da Inglaterra na época. Num dia frio, Chanel pediu um casaco emprestado ao duque e vestiu-o, de modo improvisado, com um cinto. Foi o suficiente: surgia um traje chique e elegante, usado por mulheres ao redor do planeta. Seus tailleurs e mantôs eram feitos com lãs de criação própria, numa tecelagem construída por Westminster.

Observadora, Chanel encontrava ideias em todos os lugares. Ciente de que aquilo que funcionasse para si seria aceito por outras mulheres, Chanel viu nas roupas usadas pela tripulação do iate de Westminster, e nas roupas masculinas em geral, uma fonte de inspiração. Assim, desenhou calças largas e confortáveis, inspiradas nos modelos utilizados pelos marinheiros, e apareceu na praia vestindo calça branca de seda, blusa preta de jérsei e colar de pérolas, uma de suas marcas pessoais. Nas noites, a calça comprida aparecia em seus pijamas de seda, usados com laço na cintura e profusão de colares e pulseiras.

Em suas coleções foram lembrados não só os blazers e camisas com abotoaduras usados por Westminster, como também os suéteres listrados de marinheiro, uniformes de camareira, coletes de mordomo, etc. Os bonés que os convidados do iate recebiam como presente desfilaram na sua passarela, em versão chique, enfeitados com grandes alfinetes e pedras semipreciosas.

tes do turbilhão de progresso, passaram a conhecer algo corriqueiro na Europa e América do Norte. Embora a mudança se desse inicialmente entre os homens, ela acabou por influenciar também os trajes femininos.

Os meios de transporte mostraram enorme desenvolvimento quando da Primeira Guerra Mundial. A aviação - que abrangia transporte postal, de cargas e passageiros - contribuiu para o progresso, principalmente após 1935. Automóveis, ônibus e caminhões encurtavam distâncias entre as cidades, facilitando o comércio de roupas a preços acessíveis (a chamada moda de confecção) em todas as regiões.

A colonização também teve seu quinhão na difusão da moda europeia, em parte por conta da desigualdade de classes sociais e o desejo de *status*. Nas nações colonizadas, os funcionários nativos acostumaram a se vestir ao modo europeu, enxergando nesse gesto um indício de ascensão social. Missionários se valiam de roupas de confecção europeia para vestir seus alunos, meninos e meninas, muitos dos quais terminariam seus estudos na Europa.

Os movimentos políticos, embora tenham contribuído para a padronização do vestuário de inspiração europeia em muitos países, em outros conseguiram tão-somente que as roupas do Velho Continente se mesclassem às peças do vestuário local. Em alguns países, a força da religião se opôs a tal influência, principalmente entre as mulheres.

Um exemplo positivo se deu com a instalação do regime socialista na União Soviética; a indústria se desenvolveu rapidamente, e a fabricação de roupas de confecção se tornou uma necessidade, já que, com a revolução, houve o desaparecimento dos fabricantes artesanais. Na Índia, vê-se até hoje a mescla de trajes tradicionais com peças europeias.

Na Turquia, após a proclamação da república em 1923, uma onda de modernização forçou o desaparecimento dos trajes islâmicos tradicionais, como a manta negra cobrindo por completo o corpo das mulheres, o que para muitos é sinal de submissão e inferioridade. Em 1926, uma lei obrigou o abandono do traje – nas cidades, pelo menos –, mas a tradição persiste até hoje. Aos homens também foi proibido o uso do fez, um barrete cônico e em geral rubro, substituindo-o por chapéus ocidentais.

Essas medidas propagaram-se nos países árabes próximos à Turquia, mas, em alguns, a força do islamismo manteve a maioria das mulheres velada. Os homens continuaram a usar fez e turbantes; contudo, seus trajes característicos foram substituídos por roupas de confecção. Somente os idosos continuaram a usar calças bufantes e coletes curtos bordados.[5]

Influência da Segunda Guerra Mundial na moda

Se na Primeira Guerra a mulher substituíra o homem em seus ofícios, na Segunda Guerra (1939-1945) sua colaboração foi muito mais significativa. Muitas delas trabalharam como auxiliares nas forças armadas, vestindo uniformes, cujos modelos eram variados e, em geral, compostos por calças compridas, inclusive os das enfermeiras. A saia era usada por mulheres em funções secundárias. Fossem conjuntos com saia ou calça comprida, a modelagem era nitidamente masculina, o que influenciou a moda usada pelas mulheres civis.

---

[5] Cf. Bruno du Roselle, *La mode*, cit., p. 193.

Em 1941, a Inglaterra estabeleceu o racionamento têxtil, e uma espécie de uniformização atingiu as mulheres de todas as classes. Agora, suas roupas deveriam durar por muito tempo. O tailleur clássico – de corte reto, com saia na altura do joelho e blazer cobrindo o quadril – tornou-se padrão para as mulheres longe do combate. A saia reta possuía uma fenda na parte posterior, facilitando o pedalar na bicicleta.

O controle do consumo de tecidos incentivou a reciclagem das roupas, e os tecidos sintéticos – como a viscose, extraída da celulose – caíram nas graças da população. A indústria norte-americana, estrangulada pelas restrições e buscando suprir a demanda, concebeu uma nova maneira de vestir, batizada de *sportswear*.

Desenvolvimento têxtil no pós-guerra

Finda a guerra, uma reação natural tomou conta da população, que há meia década vinha padecendo de enormes dificuldades. As restrições têxteis foram revogadas, e os guarda-roupas precisavam de renovação urgente. No início, quaisquer ofertas de roupa eram vendidas com facilidade, independentemente do tipo e qualidade. Após esse primeiro impulso, as consumidoras se tornaram mais exigentes, observando qualidade e dando preferência a artigos da moda.

Não causa estranheza que a mulher, cansada das dificuldades impostas pela guerra, desejasse se apresentar mais feminina e com maior *glamour*. O New Look de Christian Dior, surgido em 1947, chegou no momento certo: cintura marcada, valorização dos ombros e saia ampla, com bainha a trinta centímetros do chão. A modelagem da saia, em especial, transformou-se de formas retas, com uma fenda atrás, para peças amplas e longas,

Durante a Segunda Guerra Mundial, a prioridade eram as forças armadas e, por questão de economia, padronizou-se o vestuário feminino.

requerendo maior metragem de tecido – tudo o que era preciso para aquecer o consumo de produtos têxteis. É de Carmel Snow, editora de moda da revista americana *Harper's Bazaar*, a autoria do termo "New Look", uma das primeiras revoluções na moda.

Na década de 1950, o desenvolvimento industrial na área têxtil contribuiu para o significativo progresso da moda. As fibras químicas artificiais – cuja produção teve início em 1891, com o raiom, chamado de "seda artificial", seguido da produção da viscose, em 1892 – ganharam enorme impulso.

Entre as fibras químicas sintéticas, o náilon, desenvolvido em 1935 e utilizado na fabricação de paraquedas durante a Segunda Guerra, popularizou-se nos vestuários, em especial nas meias. Outros tecidos sintéticos surgiram e contribuíram para o progresso no mundo da moda: acrílico, poliéster e elastano (Lycra) desbravaram o caminho para seus contemporâneos, como o Tactel e as microfibras.

O cinema

Foi no dia 28 de dezembro de 1895, no Salão Grand Café em Paris, que os irmãos Lumière apresentaram sua invenção para um público de pouco mais de trinta pessoas: o cinema. A cidade escolhida prenunciava a parceria futura entre cinema e moda. Não tardou para que o estilo de vida das grandes estrelas da sétima arte, assim como suas roupas, se tornassem objeto de desejo do público.

O cinema pode ser visto como um manancial de pesquisa para a moda, pois o figurino é fundamental na produção dos filmes, evidenciando peculiaridades e posição social dos personagens, além de situá-los no tempo e espaço.

Desde o cinema mudo, as atrizes chamavam atenção. Na década de 1920, nomes como Mae West e Gloria Swanson ditavam roupas, penteados e maquiagem. Os trajes luxuosos usados por Greta Garbo, Joan Crawford e Marlene Dietrich nos anos 1930 também assinalavam um estilo de vida suntuoso.

Após a Segunda Guerra, vestidos tipo sereia evidenciavam as curvas das grandes atrizes de Hollywood. Longe das telas, as mulheres seguiam as silhuetas sugeridas. Na metade do século, não só estrelas como Doris Day, Elizabeth Taylor e Brigitte Bardot eram referência de estilo, mas também os atores conduziam mudanças na moda. As t-shirts vestiram o mundo depois de usadas por Marlon Brando em *O selvagem* (1954) e James Dean em *Juventude transviada* (1955). O jeans, por sua vez, simbolizava uma juventude rebelde em busca de liberdade.

O que dizer da influência de Audrey Hepburn após aparecer vestida por Givenchy, diante da vitrine da Tiffany's, em *Bonequinha de luxo*, de 1960? Ainda hoje é referência de elegância, com seu vestido preto, colar de pérolas e o charme de uma longa piteira.

O cinema é peça importante da engrenagem que movimenta o mundo da moda, divulgando, por meio do figurino, um estilo de vida – exatamente o que os grandes estilistas vislumbram em suas criações.

A imprensa e o *prêt-à-porter*

A moda recebeu total apoio da imprensa especializada nos anos subsequentes à Segunda Guerra Mundial, um período de desenvolvimento significativo. *Elle*, *Marie-France*, *Harper's Bazaar* e *Modes de Paris* se aprimoravam nas fotografias, atraindo a atenção dos leitores desde a capa. Não tardou para que

Na segunda metade da década de 1940, a moda ganhou destaque nos meios de comunicação. Nas revistas apresentava-se a moda do momento, inclusive nos anúncios publicitários. As mulheres, após longos períodos de economia, estavam ávidas por novidades.

a imprensa de outros países investisse nesse meio de informação.

A moda da estação era divulgada em artigos, peças publicitárias e editoriais. A modelo da campanha de determinado produto deveria se vestir de acordo com a moda do momento.

A mulher da classe média via no vestuário não apenas necessidade, mas uma contribuição para se tornar mais bonita e contemporânea. A procura por peças de confecção tradicional foi substituída por artigos de melhor qualidade e estilo.

As indústrias se viram obrigadas a acompanhar essa evolução. Para inovar, algumas passaram a trabalhar em conjunto com departamentos de criação e modelistas, a quem cabia elaborar duas coleções anuais; outras, mais conservadoras, insistiram na fabricação dos mesmos artigos de outrora, e acabaram por fechar as portas.

Prêt-à-porter

No pós-guerra, o desenvolvimento industrial da moda tornou-a acessível à grande maioria. Nova maneira de se vestir, novo nome: o termo *prêt-à-porter* foi criado pelo estilista francês J. C. Weill em 1949, não sendo nada mais que a tradução do "ready-to-wear" inglês, ou seja, "pronto para vestir".

A influência das ideias mostradas na alta-costura sobre as peças de confecção se deu a partir da década de 1950, graças às coleções do *prêt-à-porter*. No início dos anos 1960, as peças "de confecção" eram as mais baratas; a moda *prêt-à-porter* mostrava artigos luxuosos, e a "alta-costura" continuava restrita a uma minoria abastada, e era o laboratório de novas ideias, que depois seriam incorporadas nas peças de confecção, como é até hoje.

A MODA

O termo "confecção" estava com os dias contados no mundo da moda. O aprimoramento do *prêt-à-porter* industrial na década de 1960, sua apresentação em desfiles e divulgação na imprensa fizeram que sua associação com o luxo diminuísse, alimentando a ideia do *prêt-à-porter* como diretriz da moda.

Os anos 1970 marcaram alterações na estrutura da moda. O surgimento de jovens criadores, aliado ao conceito de *griffe* – "garra", em francês –, colaborou para que alta-costura e *prêt-à-porter*, com suas temporadas de apresentação de coleções, se complementassem. Dos movimentos jovens surgiu a "antimoda", que, ironicamente, acabou se tornando moda. Com tamanha diversidade, surgiu a necessidade de uma moda "básica". Foi quando homens e mulheres estruturaram seus guarda-roupas em peças-chave. O jeans atingiu seu clímax, tornando-se uniforme mundial, e a camiseta foi descoberta como moda.

Alta-costura

A alta-costura nasceu no final do século XIX. Paris, seu berço, já ditava a moda desde a época de Luís XIV, no início do século XVIII, e até hoje é considerada a capital da alta-costura (embora exista quem afirme que a alta-costura está morta). Paris continua inspirando e acolhendo talentos que prosseguem na renovação dessa arte luxuosa chamada alta-costura. Tida como um grande laboratório de pesquisa e criação, a alta-costura é reconhecida como base da evolução do *prêt-à-porter*.

Profissionais da moda

O primeiro e mais célebre profissional da costura foi o inglês Charles Frederic Worth, que, em 1846, emigrou de Londres e se

Após a década de 1950, o *prêt-à-porter*, já industrializado, comandou a moda no mundo.

instalou em Paris. Num primeiro momento, Worth trabalhou no comércio de tecidos, enquanto praticava o corte de tailleurs seguindo as medidas de sua esposa. Em 1858 instalou-se no nº 7 da rue de la Paix, onde fundou seu ateliê.

Das mãos de Worth nasceu não só a alta-costura, mas a apresentação dos modelos em manequins humanos, o calendário sazonal das coleções e a documentação dos modelos criados por meio de croquis e amostras de tecido. Foi obra de Worth e seu filho Gastón a concepção da Câmara Sindical da Costura Parisiense.

Não faltaram tentativas estrangeiras para acabar com o domínio parisiense na moda: até Adolf Hitler buscou transferir para Viena ou Berlim a sede da alta-costura, após conquistar a França em 1940. Foram os argumentos do costureiro Lucien Lelong que convenceram Goebbels e salvaram Paris. Para Lelong, a alta-costura era um conceito exclusivamente parisiense, e jamais se desenvolveria em outro lugar. Após a guerra, Christian Dior – cujo sonho era ser arquiteto – dirigiu duas galerias de pintura e trabalhou em parceria com Lelong, lançando o New Look em fevereiro de 1947. Nele, busto e ombros eram valorizados, a cintura, ajustada, e a saia, ampla, com bainha a 30 cm do chão. O New Look foi uma das principais revoluções na moda.

As tendências criadas pela alta-costura mudaram o guarda-roupa das mulheres. Algumas imagens permaneceram na lembrança – linha saco e trapézio –, enquanto outras se tornaram clássicos da moda, como o tailleur criado por Chanel em 1955, de tweed, com botões duplos, lapelas, cinto de correntes douradas e saia abaixo do joelho.

Do salão às passarelas

Até a metade do século XX, apresentar as coleções aos interessados era um processo demorado, trabalhoso e nada produtivo, pois os pedidos entravam lentamente e prejudicavam a produção. Apesar de as coleções possuírem um calendário regular – duas vezes ao ano desde a década de 1920 –, a mostra era contraproducente: representantes levavam as coleções aos numerosos pontos de venda, um de cada vez, para que as encomendas fossem feitas. Para acabar com tamanha morosidade e aumentar os pedidos, foi criado o salão especializado, precursor dos desfiles.

O salão reunia num só local, durante alguns dias, coleções de diversos fabricantes. Dessa forma, os interessados tinham um panorama da moda da estação, comparando estilos e decidindo com maior grau de certeza. Esse modelo de apresentação em conjunto teve início na Alemanha em 1948, num evento restrito ao vestuário feminino. Pouco depois, o método foi adotado para o sexo oposto. Em 1956, a França adotou o sistema e internacionalizou-o em 1960 (em Paris, obviamente). O sucesso foi tamanho que, em dez anos, o salão de moda em Paris tornou-se líder mundial, com 60% de visitantes estrangeiros dos mais diversos países.[6]

O desenvolvimento do *prêt-à-porter* em países europeus como França, Bélgica, Alemanha, Itália e Inglaterra, além dos Estados Unidos, criou um corpo técnico especializado em vestuário, com destaque para a figura do estilista, responsável pela estrutura artística da coleção. Foi na década de 1960 que muitos estilistas, conscientes das necessidades do mercado e das técnicas de produção, deixaram a alta-costura para se dedicar à

A partir da década de 1960, as passarelas deixaram de ser exclusividade da alta-costura, e o *prêt-à-porter* passou a ser exibido com o mesmo *glamour*.

---

[6] Cf. Bruno du Roselle, *La mode*, cit., p. 248.

criação da moda voltada para todas as mulheres, sem distinção de classe. Era a democratização da moda.

De um lado, a alta-costura, com artigos de luxo restritos a uma minoria; do outro, o *prêt-à-porter*, acessível a muitos. Há uma sinergia nessa dualidade: enquanto a alta-costura funciona como um grande laboratório que cria e dita tendências, o *prêt-à--porter* as transfere para a fabricação em série. Por isso, em ambos, as formas, proporções, cores e padrões se assemelham. O grande diferencial da alta-costura, além da elaboração sob medida, fica por conta da qualidade alta dos tecidos e da mão-de-obra diferenciada, que fazem dos modelos obras de arte.

O fenômeno da moda: um estudo de caso

A transição da moda dos salões para as passarelas acelerou a distribuição das mercadorias nas lojas, porém, em termos de velocidade, nada se compara ao método utilizado pela cadeia de lojas espanhola Zara, um dos maiores fenômenos da moda deste início de século.

Em 1975, a primeira loja Zara foi inaugurada na cidade de La Coruña, comercializando somente lingeries. Em 1988, deu início à sua expansão, abrindo uma filial na cidade do Porto, oferecendo algumas peças além das costumeiras lingeries. Um ano depois, havia lojas em Nova York e Paris. Hoje, atua em escala global.

Renomada pela eficiência e rapidez, os modelos Zara são criados, produzidos e distribuídos para qualquer país em tempo recorde, com entregas de novas peças e pedidos duas vezes por semana. Sincronizada, a engrenagem da Zara é ininterrupta, ao contrário do que ocorre nas indústrias de confecção: concluir uma etapa de forma desabalada e aguardar até que se inicie a seguinte.

Gerentes de lojas no sul da Europa, inclusive no país onde fica a sede, Espanha, fazem seus pedidos até as 15 horas da quarta-feira ou até as 18 horas do sábado. As demais lojas efetuam seus pedidos até as 15 horas da terça-feira ou até as 18 horas da sexta-feira. Os pedidos mantêm o ritmo da produção. O carregamento da mercadoria para cada loja é feito no depósito central, em La Coruña, e as peças já saem com etiqueta e preço – embaladas ou penduradas em cabides –, já nas araras. Quando chegam nas lojas, não precisam ser passadas, estão prontas para a venda.

O transporte, feito por caminhões ou via aérea, tem horário predeterminado, de modo a manter a constância de pedido/entrega, duas vezes por semana. Na Europa, peças encomendadas chegam às lojas em 24 horas; na Ásia e Américas, incluindo o Brasil, em 48 horas; e no Japão, em 72 horas. Apesar das diferenças culturais, clientes Zara vestem uma moda globalizada, pois não existem diferenças entre os modelos vendidos.

O ritmo contínuo alimenta a cadeia Zara. A rapidez na entrega dos pedidos é prioridade. Ela justifica a produção de peças em pequenas quantidades, embora lotes maiores reduzissem custos. O mesmo se dá com as entregas feitas duas vezes por semana: com frequência menor, os custos de distribuição seriam mais brandos. Caminhões e aviões garantem a rapidez, embora os gastos com transporte fossem mitigados se feito por navios e trens. Peças dobradas em caixas resultariam em volumes menores e redução de gastos em transporte, mas peças passadas, já em seus cabides e araras, garantem melhor apresentação e o principal: venda imediata nas lojas.

Na indústria de confecção Zara não existe estoque. Peça acabada, peça despachada. Nas lojas, peças chegadas, peças vendidas. O faturamento aumenta, assim como o número de lojas. Atualmente a Zara é provavelmente a rede de lojas em mais rápido crescimento no mundo, possuindo mais de 1.300 lojas em 68 países.

Estilo

Uma nova maneira de ver, usar e interpretar a roupa. Um tempero valioso sobre peças criadas com perfeição no corte, harmonia na caída do tecido e adaptação do modelo às formas do corpo. Nesse fenômeno chamado estilo, a alma da roupa é conferida por quem a veste. A escolha de uma roupa não indica apenas preferência, e sim algo mais que, consciente ou inconscientemente, desejamos aparentar.

Um bom exemplo desse tempero de moda foi dado em 1959 por Brigitte Bardot, quando do seu casamento com Jacques Charrier. Na ocasião, Bardot usou um vestido simples, desenhado por Jacques Esterel, cuja diferença estava no tecido quadriculado em rosa e branco, diferente do usual em cerimônias do tipo. O modelo fez escola – ou melhor, seu estilo subjacente fez escola, conquistando adeptas e aprofundando seu caráter. Era uma maneira de ser, olhar, agir, uma atitude realçada por grandes decotes, cinturas marcadas, cabelos revoltos, lábios carnudos e um jeito de garota conquistadora.

Hoje, o estilo é tão importante quanto a moda em si. Mulher bem-vestida é aquela que possui estilo e é fiel a ele, escolhendo modelos adequados a seu tipo físico e personalidade. Saber se vestir é uma arte que começa no bom senso e na escolha acertada para determinada hora e local, sempre respeitando o estilo pessoal.

Informação pelas cores

A primeira mensagem que a roupa transmite está na cor, que alegra, estimula e atrai, mas também deprime e entristece. É fácil constatar seu poder, basta imaginar uma jovem cheia de vida: com que cor você a vestiria? Certamente não seria bege, nem cinza ou lilás. Você a vestiria de vermelho, laranja, turquesa. Imagine agora uma criatura cabisbaixa, retraída e quieta: qual seria a cor de sua roupa? Algo associado à tristeza, com tonalidades de marrom, por exemplo.

Numa roda social, as cores revelam se a pessoa é introvertida ou extrovertida, aberta a novas amizades ou alguém com facilidade para se enturmar. Um perfil reservado é atraído por cores escuras, enquanto seu oposto prefere cores claras e brilhantes. O preto, nesse contexto, tem um significado particular: ligado à sofisticação, ajusta-se tanto em modelos discretos como em roupas com grandes decotes, fendas ou transparências.

Construção de um visual típico de Issey Miyake. Nele, a força das cores é fundamental.

Alguns estilistas se valem do poder comunicativo das cores para caracterizar suas coleções. O vermelho vibrante, por exemplo, tornou-se marca de Valentino. A profusão de cores é constante nas criações de Lacroix, no imaginativo Miyake e nas malhas de Missoni. Tons pastel, sóbrios e discretos, são típicos de Calvin Klein, enquanto cores primárias marcam a moda de cunho popular. Já as cores secundárias e os tons intermediários caminham *pari passu* com mestres como Giorgio Armani, por exemplo.

Da antimoda à moda

O objetivo principal da moda é o consumo. Sem ele, a engrenagem para - comércio, publicidade, indústrias químicas, indústrias de máquinas diversas, tecelagens, fiações, etc. Com mudanças periódicas, a moda incita as pessoas a também mudar. A divulgação feita pela imprensa cumpre papel importante nessa atualização de guarda-roupas, e tudo é direcionado ao consumo: da apresentação das coleções às informações práticas, feitas por meio de reportagens elaboradas posteriormente.

Comunicação pela roupa

As roupas expressam a personalidade, e podem ser vistas como meio de informação. É possível afirmar que a roupa dialoga com a sociedade, ecoando as preferências de quem a veste, revelando sua sensibilidade e maneira de pensar.

Existem pessoas que veem a moda como fator de consumo, uma padronização imposta por especialistas e modificada periodicamente para satisfazer a demanda de consumo. Essa gente prefere se vestir de uma maneira que respeite seu ritmo interno. A moda adotada deixa de ser uma camuflagem para expressar o que elas realmente são. No mundo *fashion*, os que agem dessa maneira são denominados "antimoda", e geralmente se inspiram em roupas étnicas ou trajes do passado. Esse visual assim concebido acaba por influir nas novas criações e, assim, o antimoda se torna moda.

Inspiração étnica

A escolha de trajes de inspiração étnica no lugar da moda convencional pode ser vista como uma espécie de fuga. A troca da moda habitual por um visual exótico denota preferência por um estilo de vida alternativo, inspirado por outras culturas. É o caso dos saris e batas indianas, das blusas de algodão branco com bordado supercolorido usadas pelas camponesas húngaras, das jaquetas de seda com gola Mao, dos vestidos de algodão com flores coloridas do México e dos casacos em *patchwork* de Bali, que, não raro, são fechados por cordões torcidos e moedas chinesas.

Roupas tradicionais da Índia, Oriente Médio, Extremo Oriente, África, além da vestimenta dos nativos da América do Sul ou da América do Norte, constituem uma fonte inesgotável de inspiração para os criadores. As culturas de diferentes povos originam estilos variados. (Sem esquecer dos movimentos políticos e sociais, que também funcionam como referência aos criadores.)

Beatniks

Entre 1962 e 1964, o movimento beatnik norte-americano se espalhou para a Europa e o mundo. Diferentemente do discurso de paz e amor, esses jovens cultos, estudantes da Universidade da Califórnia, reprovavam as regras da sociedade e seu sistema político. Suas roupas, assim como os cortes de cabelo, remetiam ao clássico, e logo se tornaram moda entre aqueles da sua geração. Para rememorar essa imagem, basta lembrar do visual dos Beatles no início da carreira.

Hippies

Entre 1965 e 1971, os hippies foram responsáveis por uma das maiores revoluções na história recente da moda. As regras do bem-vestir impostas pela sociedade, na época, eram parte de um sistema que destruía a personalidade em prol da aparência. Em contraposição, nasce o "Flower Power", em que tudo era paz e amor. Saias longas, floridas e fluidas eram o oposto das convencionais, sempre justas. Estampas com motivos étnicos ou florais substituíram as cores lisas. Batas bordadas à mão, calças boca-de-sino, cachecóis com pontas caídas, cintos e coletes de macramê com longas franjas, sandálias de couro sem saltos, lenços e faixas de cabeça compunham um visual camponês com influência indiana. Tecidos tinturados e *batik* complementavam o toque artesanal. Opondo-se às roupas produzidas em massa, os hippies usavam peças feitas à mão ou reformavam roupas de brechós. O oposto da moda adotada pela geração que os antecedeu, a dos beatniks.

O movimento hippie acabou inspirando a moda cigana de Yves Saint Laurent. Sobreposições de ricos tecidos, franzidos, decotes, flores, fitas e cores compunham as ricas camponesas do mestre Laurent. Na efervescente Londres, Mary Quant também se deixou influenciar, lançando seus longos vestidos-camisola.[7]

Punks

No seio da classe operária inglesa, jovens com opções limitadas e desesperança no futuro optaram por transitar à margem da sociedade. Agrediam pelo visual, vestindo-se de modo ofensivo, com roupas pretas, muito couro, botas pesadas, jaquetas de motociclista, camisetas rasgadas, alfinetes, piercings, tachas, zíperes e correntes, complementados por cabelos de cores fluorescentes, partes da cabeça raspadas e pintura preta nos olhos, boca e unhas.

Em comum, os beatniks, hippies e punks tinham a ojeriza à moda imposta. Optaram pela livre escolha e acabaram por estabelecer a moda das décadas de 1960 e 1970, um exemplo de antimoda que se tornou moda.

A reciclagem na moda é fato, e décadas passadas são volta e meia revisitadas em releituras que oscilam ao gosto do criador. Nas coleções do final dos anos 1990, nomes como Prada, Versace, Armani, Dolce & Gabbana e Gucci fizeram uso desse recurso.

---

[7] Cf. Toby Discher-Mirkin, *O código do vestir* (Rio de Janeiro: Rocco, 2001), p. 176.

Evolução nos séculos XX e XXI

No século XX, cada década foi marcada por um estilo, cujo valor vai além do visual. Foram períodos documentados por transformações nas silhuetas femininas, símbolo de mudanças comportamentais, conquista de poder e liberdade de ação. Com o advento do novo milênio, houve uma democratização na moda: são inúmeras as tendências apresentadas nas passarelas, e a mulher conquistou o direito de livre escolha.

Belle époque

A moda na *belle époque* (1900-1914) foi marcada pela transformação da silhueta da mulher, graças às inovações de Paul Poiret, em 1906. Inicialmente, a silhueta feminina estava atada ao estilo que identifica a *belle époque*, o art nouveau. Nascido na Inglaterra do final do século XIX, fruto do movimento de renovação estética intitulado "estilo Liberty", o art nouveau é caracterizado por grandes linhas curvas inspiradas na natureza. Flores e ramagens se entrelaçam em perfeita harmonia a caules alongados, remetendo sutilmente à arte oriental.

A linha em "S" da silhueta feminina projetava o tórax para frente e os quadris para trás. Para obter essa figura antinatural, a mulher era obrigada a usar um espartilho com barbatanas para comprimir o ventre e um apoio de metal, incômodo e nocivo à saúde, para sustentar os seios. Esse sacrifício era a base de uma moda muito trabalhada, cheia de bordados e rendas, com saias longas, muitas vezes com cauda. Para manter o volume, vestiam-se muitas saias sobrepostas, geralmente de tafetá, produzindo o característico "frufru".

Tal silhueta e as provações que exigia foram contestadas por Paul Poiret, um dos grandes nomes da costura. Em 1906, Poiret simplificou as vestes, reduzindo o número de peças íntimas e eliminando os artifícios (entre eles, o espartilho). Com o corpo liberto, a mulher aderiu ao estilo Diretório, com cintura marcada logo abaixo dos seios. Muitas, no entanto, continuaram fiéis ao espartilho. Em 1910, houve intervenção das autoridades de saúde contra seu uso, mas somente na Primeira Guerra Mundial o acessório foi banido.

Viagens e a prática de esportes também propiciaram mudanças no vestuário. Na velocidade de carros sem para-brisas em estradas empoeiradas, homens e mulheres se resguardavam com uma espécie de guarda-pó – casacões amplos, que os homens usavam com bonés e as mulheres, com grandes chapéus envolvidos por longas echarpes. Calças bufantes, presas abaixo dos joelhos, facilitavam a prática do ciclismo entre as mulheres; para jogar tênis, porém, ainda vestiam saias longas, acompanhadas de sapatos sem salto e chapéus. Nas praias, os trajes femininos tinham a função de cobrir o corpo, já que pele bronzeada estava fora de cogitação. Usavam calções na altura dos joelhos e blusas folgadas que atingiam as coxas. Esses blusões possuíam mangas curtas e eram acompanhados de cinto. Nos pés, meias e sapatos de lona com solas de borracha, presos ao tornozelo por cadarços.

Década de 1910

Poiret, que mudara a silhueta feminina, corajosamente se enveredou para o lado das cores, inspirado no folclore russo – que conheceu em sua viagem a Moscou, em 1911 – e no sucesso das companhias de balé russas em Paris. Estilo, colorido e estampa fizeram de Poiret o primeiro a vislumbrar a roupa como obra de arte: peças drapeadas, enfeitadas por botões, eram valorizadas por cores fortes, que passaram a substituir os tons de malva, os rosas esmaecidos e lilases acinzentados.

A eclosão da Primeira Guerra Mundial mudou significativamente a vida da mulher, não apenas no visual, mas na maneira frívola com que conduzia a vida. A necessidade obrigou o recrutamento de mulheres para os mais diversos tipos de trabalho. As que pertenciam às classes média e alta foram requisitadas para auxiliar em enfermarias, orfanatos e demais trabalhos sociais. As restantes exerceram ofícios masculinos, assumindo os postos de trabalho dos maridos, vestindo uniformes de trabalho e até calças. Essa moda persistiu entre as mulheres das classes baixas. O retorno incerto dos soldados em combate motivou a quase onipresença das roupas pretas nas páginas das revistas de moda – o costume da época apregoava longos períodos de luto.

Finda a guerra, houve mudanças nas classes sociais, com a decadência da nobiliarquia e pessoas privilegiadas, que outrora se vestiam com o fino da moda. Em contraposição, nascia um novo estrato social, formado por integrantes do meio artístico, escritores e pessoas que enriqueceram com a guerra: eram os *Les années folles*, os anos loucos.

A experiência vivida nos anos de guerra trouxe às mulheres o desejo de emancipação, revelado nas atitudes e formas de vestir. Usar cabelos bem curtos, fumar, misturar peças masculinas ao vestuário, dançar e dirigir automóveis construíram o estilo andrógino que se firmaria nos anos 1920.

A alta-costura precisou se adaptar aos novos tempos. Coco Chanel, Madeleine Vionnet, Molyneux e Jean Patou eram os nomes da moda. Poiret, que fechara sua *maison* para alistar-se na guerra, não conseguiu destaque nos anos que antecederam a década de 1920, apesar de flertar com os estilos árabe e marroquino, utilizar novos materiais e simplificar as formas.

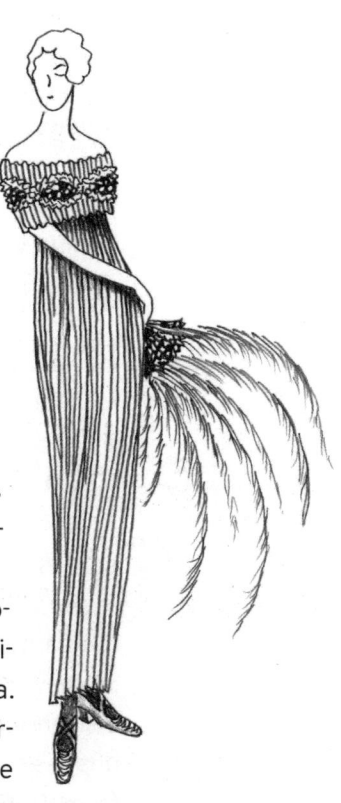

Década de 1920

A mulher entrou nos anos 1920 em uma moda bem mais funcional que a da década anterior. Os vestidos eram curtos, pouco abaixo dos joelhos, usados com meias claras, algumas vezes de seda, dando a impressão de estarem com os tornozelos nus. Curvas não existiam: "achatadores" anulavam o busto, e a cintura era marcada logo acima dos quadris. A combinação era usada sob o vestido, e cintas de malha de borracha afinavam a silhueta, além de possuírem presilhas para sustentar as meias. Chapéus *cloche* enterrados na cabeça e sapatos com presilhas abotoadas e salto carretel complementavam a figura feminina.

Os cabelos continuavam bastante curtos, e usava-se gomalina para eliminar o volume e fixar vírgulas de cabelos na testa (o "pega-rapaz"). A partir de 1925, a maquiagem ganhou importância, sob influência da art déco: pele alva e opaca graças ao pó-de-arroz, faces marcadas pelo ruge – em pasta ou em pó, aplicado com uma esponjinha –, sobrancelhas depiladas e desenhadas com traço fino feito a lápis, e lábios também finos, no formato de coração, realçados pelo vermelho carmim.

Entre os costureiros da época, o grande destaque foi Chanel, com sua moda simples e prática. Ela participou do movimento de emancipação da mulher e criou o estilo *à la garçonne*, que a identificaria nos anos 1920: vestidos *chemisiers* baseados na camisa social masculina, roupas de jérsei, cardigãs e *twin-sets*, calças compridas, tailleurs e os famosos vestidinhos pretos. O sapato em duas cores fechado na frente e aberto no calcanhar que acompanhava seus modelos acabou recebendo seu nome, "Chanel". A pequena bolsa matelassê com alça de corrente dourada, além das bijuterias vistosas que misturavam pérolas e pedras coloridas, acabaram se tornando complementos indispensáveis à sua moda.

Madeleine Vionnet, cuja técnica contribuiu para o aprimoramento da alta-costura, foi outro grande nome do período. Suas características marcantes eram o uso de corte enviesado, costuras diagonais, franjas, barras em pontas, gola-capuz e frente-única. Jean Patou, que ganhou fama por sua moda esportiva e pela "linha princesa" – ajustada ao corpo, sem corte na cintura –, foi outro profissional que marcou os anos 1920. Jeanne Lanvin tornou-se notória por seus modelos para noite: detalhes como cintura baixa e saia ampla com várias camadas de tecido fino (como o organdi), aplicação de flores e bordados com pérolas coloridas eram típicos de suas criações. Lanvin, conhecida por seus bordados, possuía um ateliê exclusivo para esse tipo de trabalho. Todos esses estilistas, inclusive Poiret, foram influenciados pelo art déco, apresentado ao público na Exposição de Artes Decorativas de Paris, em 1925. A combinação de formas geométricas e contraste de cores evidenciou-se nos detalhes e acessórios: bordados, botões, fivelas, joias, bolsas e cigarreiras. Foi a época das longas e elegantes piteiras, pois mulheres fumando em público já não causava espanto.

Nos vestidos de noite a mulher descontou toda a repressão sofrida durante a guerra. Vestidos cavados e com grandes decotes eram confeccionados em cetim, tule ou crepe georgette, rebordados com miçangas, pérolas e canutilhos. Muitas vezes, o bordado mostrava fios pingentes ou franjas que se agitavam na dança do *charleston*. Como complemento, a mulher usava meias de seda, sapatos recobertos com o mesmo tecido do vestido e grandes leques enfeitados com plumas de avestruz. Ao deixar o ambiente, ela se protegia com amplas capas ou mantôs, geralmente de veludo de seda. Tudo com muito brilho e luxo, espelhando roupas e gestos de atrizes famosas, como Gloria

Swanson e Mary Pickford. Nessa mesma época, Josephine Baker cantava e dançava exibindo o corpo em trajes ousados.

No final da década, a silhueta reta da mulher começou a mudar. Os seios foram valorizados, com a substituição dos "achatadores" por sutiãs. A ideia foi da imigrante russa radicada nos Estados Unidos Ida Rosenthal, que, junto do marido, fundou a Maidenform. A cintura também ressurgiu e, pouco a pouco, as formas se definiram, antevendo a influência das estrelas de cinema nos anos 1930.

Década de 1930

O início da década foi marcado pela crise econômica mundial, encadeada pela quebra da Bolsa de Valores de Nova York em 29 de outubro de 1929. Como consequência, não houve ousadias no vestir. A moda dos anos 1930, contudo, caracterizou-se por uma elegância refinada, com o retorno das formas no corpo da mulher.

A silhueta andrógina era passado. O busto foi realçado por sutiãs cada vez mais modernos. Sobre a calcinha, a mulher vestia uma cinta de tecido elástico, que reduzia o ventre e quadris e possuía presilhas para segurar as meias.

Os vestidos se ajustaram, os ombros foram valorizados por enchimentos e as saias se alongaram, criando o visual que caracterizou os anos 1930: baseado nos ombros largos e quadris estreitos. Durante o dia, as bainhas distavam 25 cm do chão. Destaque para as capinhas que acompanhavam tanto os vestidos de tarde como os de noite. Os mantôs possuíam gola e punhos de pele. As mulheres mais elegantes usavam saias bem justas, mantôs três-quartos e uma *rénard* no lugar da gola. Uma presilha sob a cabeça do animal permitia que fosse presa de um lado e, do outro, sua longa cauda pendia e alongava a silhueta.

Para a noite, as mulheres eram influenciadas pelas musas de Hollywood: Marlene Dietrich, Katharine Hepburn e Greta Garbo.

Modelos fluidos em tecidos enviesados, com profundos decotes nas costas, eram usados com luvas de cano longo, algumas vezes ultrapassando os cotovelos. Os tecidos mais utilizados eram cetim, musseline de seda, lamê, veludo e tafetá. Os enfeites se faziam presentes em bordados, broches e flores de seda.

Ao lado de nomes consagrados na moda, como Chanel e Madeleine Vionnet, surgiram outros, de talento reconhecido: Cristobal Balenciaga, Jeanne Lanvin, Nina Ricci e Elsa Schiaparelli.

Enquanto Chanel pregava a simplicidade – abolindo, inclusive, os enchimentos nos ombros –, Vionnet se inspirava em estátuas da Antiguidade para criar seus belíssimos vestidos de noite, trabalhando o crepe em movimentos drapeados, mantidos por pequenos pontos.

A italiana Elsa Schiaparelli destacou-se como intérprete das novas correntes de pensamento, em particular os surrealistas. Ela aliava movimentos artísticos à moda com inimitável talento. Seus tailleurs marcaram época. Para ela, a inovação não devia se ater à silhueta e, assim, criava complementos exóticos de importância fundamental para suas roupas (seus chapéus de formatos originais – entre eles, um com forma de sapato – causaram frisson e são lembrados até hoje). Schiaparelli também foi a primeira estilista a ter a colaboração direta de artistas. Salvador Dali desenhou para ela bolsos em forma de gavetas e pintou uma lagosta enfeitada com salsa num vestido de noite.

A valorização das formas femininas, o incentivo à vida ao ar livre e a moda da pele bronzeada iniciadas por Chanel incentivaram o culto ao corpo. Roupas para praias começaram a mostrar decotes e cavas acentuadas. Surgiram os óculos escuros, sapatos com plataforma, pareôs como saídas de praia, e o uso de calças compridas para passeios a beira-mar se tornou moda. O short, usado também para andar de bicicleta, lançou os saiotes ao ostracismo. Nesse período, o short competiu com as saias para jogar tênis, abertas nas laterais. Para a prática do esporte, o short chegava na altura dos joelhos.

A década de 1930 também remete ao uso de chapéus com formas e tamanhos variados, enfeitados com *voilettes*, laços, flores, penas e até pequenos pássaros. Moças jovens usavam boinas de feltro.

Os escarpins e as sandálias tinham saltos finos. Para complementar as calças compridas, contudo, as mulheres preferiam grossos saltos em modelos de amarrar fechados ou em sandálias com sola compensada. No final da década, Salvatore Ferragamo introduziu os saltos anabela, combinados a plataformas com alturas variadas.

As joias eram criadas ainda sob influência da art déco, com linhas geométricas e contraste de cores. Os materiais empregados eram ouro, prata, pasta de vidro, laca, pedras semipreciosas e pérolas artificiais.

Se o início da década trouxe sofisticação e luxo, o final alterou a moda e o comportamento das pessoas. Era a eclosão da Segunda Guerra Mundial.

Década de 1940

A Segunda Guerra Mundial foi, indiretamente, a grande responsável pelas transformações ocorridas na moda durante nesse período. Paris foi ocupada pelas tropas alemãs em 14 de junho de 1940 e, se o presidente da Chambre Syndicale de la Couture, Lucien Lelong, não se empenhasse pela permanência da alta-costura na capital, ela seria transferida para Viena ou Berlim, conforme desejo das autoridades alemãs.

Apesar das dificuldades, cerca de cem ateliês seguiram trabalhando, e alguns estilistas chegaram a abrir novos ateliês em

Paris: Nina Ricci, Jacques Fath, Marcel Rochas e Alix Grès (que criava modelos drapeados de jérsei como ninguém). Mas a alta-costura era privilégio de poucos, como as mulheres dos comandantes e embaixadores alemães.

O racionamento de tecidos imposto pelo governo tornou a reforma de roupas uma necessidade, e a utilização de tecidos produzidos com fibras químicas – como a viscose e o raiom – se tornaram alternativa para quem desejava estar na moda, apesar da falta de recursos.

As restrições atingiram também as maquiagens, que passaram a ser improvisadas com produtos caseiros. Os chapéus, de formas variadas, logo foram substituídos por turbantes. Costurados ou enrolados na hora em torno da cabeça, os turbantes escondiam parte ou a totalidade do cabelo, atenuando a falta de cabeleireiros (muitos haviam se alistado no exército).

As dificuldades em Paris estimularam os norte-americanos a criar sua moda própria. Sob a égide da praticidade, conceberam conjuntos formados por peças intercambiáveis, permitindo a montagem de novos *looks*. Houve ainda o desenvolvimento do "ready-to-wear", o *prêt-à-porter*: roupas produzidas em grande escala, com qualidade. As bases do *sportswear* também foram lançadas.

A despeito das inovações, o estilo militar do final dos anos 1930 foi mantido até o término dos conflitos: corte masculino, ombros valorizados por enchimentos, cinturões, saias curtas ou calças compridas retas, em tecidos resistentes, como o tweed. Meias soquetes substituíram as meias finas de náilon ou seda, materiais em falta no mercado.

No pós-guerra, o desejo de toda mulher era esquecer por completo a figura de mulher-soldado. Depois de um longo período de restrições que incluiu trajes assexuados, as mulheres estavam ávidas por luxo e sofisticação. Nesse clima de inovação, as meias de náilon fizeram a loucura de quem substituíra as meias finas pelas soquetes. As indústrias de roupas renasceram, mas o desejo pelo novo só foi satisfeito com o New Look de Christian Dior.

Os modelos de Dior valorizavam o busto, tinham cintura marcada e saia ampla, a 30 cm do chão. Eram necessários muitos metros de tecido para confeccionar suas imensas saias, forradas com tule para ficarem armadas. Para exibir cinturinha fina, havia mulheres que usavam cinta muito apertada, conhecida como "vespa". Os acessórios eram sapatos de saltos altos, luvas, bijuterias finas e, na medida do possível, chapéus (de preferência, com abas largas). O New Look, mais que uma tendência vinculada aos movimentos artísticos da época, era a retomada do chique elaborado. Dior rotulou de *démodé* toda mulher em roupas dos tempos de guerra.

Em 1948, a moda de Dior mostrava saia com volume na parte posterior e casaquinho com costas esvoaçantes e gola alta. Em 1949, seus tailleurs tinham ombros arredondados, cintura fina e saia reta, com uma prega atrás para facilitar o caminhar. No final da década, além de Dior, Balenciaga e Pierre Balmain também conquistaram sucesso com modelos tomara-que-caia para a noite.

Década de 1950

A mulher da década de 1950 era ultrafeminina e fascinante, ainda influenciada pelo New Look de 1947. Livre de imposições econômicas e diante das ofertas do desenvolvimento pós-guerra, ela não se importava em gastar metros de tecido para confeccionar apenas um vestido com saia ampla e bainha atingindo os tornozelos, como decretara Dior.

O *glamour* do período ganhou força com o *boom* dos cosméticos. Na maquiagem, a palidez da pele realçava aos lábios, o lápis definia o formato das sobrancelhas, e os olhos eram evidenciados por delineador, sombra e rímel. A década também testemunhou a grande procura por tinturas de cabelo e fixadores.

A moda ganhou *status* e divulgação elitizada por meio de ensaios assinados por grandes fotógrafos de moda – Richard Avedon e Irving Penn, por exemplo – em revistas como *Vogue* e *Elle*.

Os anos 1950 são hoje lembrados como uma época de grande *glamour*, em que grandes nomes colaboraram para o apogeu da alta-costura, como Balenciaga, Balmain, Chanel, Dior, Givenchy e Madame Grès. De Chanel, é dessa época o famoso tailleur com debrum trançado, usado com pequena bolsa matelassê a tiracolo, e ainda o clássico modelo de escarpim bege com ponta preta. Em matéria de calçados, Roger Vivier foi o grande designer da década. Ele trabalhou não só para Dior, mas também para outros grandes nomes da costura. Foram criações suas o salto agulha, o salto curvo para dentro e também o bico quadrado e achatado.

Em meados da década, enquanto a França mantinha o cetro e a coroa da alta-costura, as indústrias de confecção nos Estados Unidos prosperavam e o *ready-to-wear* se fortalecia. Na alta-costura, o surgimento das linhas estilizadas mudou por completo a silhueta feminina, cujas formas tradicionais foram esquecidas. Havia a linha "saco", com modelagem solta e sem corte na cintura, estreitando na direção da barra. Havia ainda a linha "trapézio", inspirada na figura geométrica de mesmo nome, que anulava a cintura, estreitando na parte superior e se abrindo num amplo evasê na saia. Foi com a trapézio que Yves Saint Laurent entrou na história da moda, apresentando-a em sua primeira coleção na Maison Dior. Então, Saint Laurent ocupava o lugar deixado por Dior, falecido em 1957. Tímido e sensível, obteve sucesso imediato. Aberto a todas as tendências, o jovem estilista apresentou o trapézio em perfeita concordância com movimentos artísticos da época, como o abstracionismo e a arquitetura de Le Corbusier. Essa característica permitiu a Saint Laurent aprimorar peças básicas ao longo da carreira, como blusas e smokings.

No entanto, algo mudava no mundo da moda. Ainda em 1955, as coleções de *prêt-à-porter* ganhavam páginas de revistas como *Elle* e *Vogue*. Na Itália, as cores fortes e as estampas características de Emilio Pucci apareciam em peças de enorme sucesso na Europa e Estados Unidos. No final da década a alta-costura se enfraquecia diante da nova tendência, cada vez mais aprimorada, de produção em massa.

A diversificação dos produtos fazia parte da estratégia econômica das marcas, e os perfumes surgiram como carros-chefe das grifes (não raro, asseguravam a sobrevivência das marcas).

Foi também nos anos 1950 que surgiu a chamada moda jovem, nascida em meio ao rock and roll. O *sportswear*, aliado ao estilo colegial, gerou uma moda baseada em suéter, jeans, calças *cigarette* - justinhas, até o tornozelo - ou saias rodadas, usadas com sapatos rasos, sem salto. Camiseta, jeans e blusão de couro também caíram no gosto da juventude, influenciada por filmes como *Juventude transviada* e *Um bonde chamado desejo*, estrelados por James Dean e Marlon Brando, respectivamente. Um outro estilo, oposto ao casual, também nasceu dos jovens: o eduardiano, com muito veludo negro, jaquetas longas e calças ajustadas - o visual dos Beatles.

Esses movimentos, somados ao desenvolvimento da confecção e à euforia do consumo pós-guerra, favoreceram a democratização da moda. E foi exatamente a moda jovem que marcaria a década seguinte.

Década de 1960

A década de 1960 se iniciou ao ritmo frenético do rock and roll, dos Beatles e do visual de James Dean e Marlon Brando. O vestir se ligava ao comportamento. Era o fim da moda-padrão, das regras generalizadas, da obediência a mandamentos preestabelecidos. A influência jovem foi reconhecida e a transformação da moda se tornou realidade. Pela primeira vez, o comércio de moda se voltou para uma nova fatia do mercado: jovens ávidos por uma moda própria.

Falar em década de 1960 é falar de minissaia. Para alguns, sua criadora foi a estilista inglesa Mary Quant; outros defendem o francês Courrèges. Segundo Quant, "a ideia da minissaia não é minha, nem de Courrèges. Foi a rua que a inventou". A verdade é que ambos foram influenciados pela moda das ruas em suas criações.

Em 1965, Courrèges trouxe a imagem dos astronautas para as ruas. Formado em engenharia, suas criações foram marcadas por formas geométricas, minissaias, botas brancas e materiais novos, como o vinil, com transparência ou brilho "lunar". Sem qualquer ligação com o passado, exatamente como os jovens queriam.

Enquanto Courrèges investia no branco e prateado, na Itália Emilio Pucci ganhava destaque com suas estampas psicodélicas. Na mesma época Yves Saint Laurent inspirou-se nos quadros de Mondrian para criar seus vestidos tubinhos de cores marcantes. Em 1966, Saint Laurent lançou o smoking feminino, usado com blusa transparente. E a inspiração no masculino foi além, com mulheres aderindo ao uso do jeans e camisetas básicas.

A alta-costura perdia terreno, o *prêt-à-porter* prosperava. Saint Laurent, homem de visão, mudou o rumo de seus negócios. Em 1965, abriu uma rede mundial de butiques de *prêt-à-porter* de luxo.

Na mesma época, Pierre Cardin, italiano filho de pais franceses, lançou sua coleção "Era Espacial", com destaque para os macacões de malha fechados com zíperes, calças justas de couro e capacetes. Cardin também fez sucesso com vestidos tubo de malha – com bainha 10 cm acima dos joelhos e detalhes geométricos – e túnicas usadas com meias opacas ou leggings.

A tendência da linha tubo e a influência espacial foram a pedra fundamental nas criações de Paco Rabanne, que inaugurou sua *maison* em 1966. Rabanne utilizava materiais alternativos – plástico, metais, elos, placas e correntes – para obter um visual futurista.

Agora, o estilo era mais valorizado que a moda. Os ícones do momento possuíam estilo próprio e acabaram por rotular as roupas: a sexy Brigitte Bardot, com grandes decotes, cintura ajustada e cabelos longos presos no alto da cabeça; a macérrima Twiggy, cabelos curtíssimos e olhos realçados por cílios inferiores pintados com pincel; e, principalmente, Jacqueline Kennedy, que, com sua elegância assinada por Oleg Cassini, influenciou uma geração de mulheres. No guarda-roupa de Jackie, havia grande variação de cores e tecidos num número pequeno de modelos. Seus vestidos, tailleurs, casacos e trajes de noite primavam pela simplicidade. Seus acessórios eram (poucas) joias, bolsas e chapéus pequenos, luvas e sapatos de salto baixos.

A maquiagem era elemento de importância vital, com olhos bem marcados e batons clarinhos, ao gosto da nova geração. O uso de perucas se popularizou graças ao *kanekalon*, fios de fibra sintética em diversas tonalidades e custo reduzido.

A grande energia injetada na moda dos anos 1960 partiu da juventude, em especial da juventude londrina. O estilo nascido nas ruas ganhou ares aristocráticos graças à polonesa Barbara Hulanick, filha de diplomata, que chegou a Londres na deflagração da Segunda Guerra Mundial e abriu, em 1963, a butique Biba. Apaixonada por moda, mesclou os estudos feitos na Brighton School of Art à art nouveau e à art déco. Seu estilo incorporava cores escuras (como ameixa, uva e preto), tecidos escorregadios e brilhantes (crepes e cetins), meias tingidas no tom da roupa e sandálias com salto alto e plataforma. A maquiagem Biba pedia pele pálida e pálpebras, lábios e unhas no tom ameixa.

A Op Art – obreviação de *optical art* – foi um movimento artístico que marcou a moda nas estampas de tecidos. Em São Francisco, por sua vez, nascia a contracultura. A cidade foi berço do movimento hippie que preconizava filosofia oriental, música e drogas, com jovens emoldurados por roupas indianas, *batik*, casacos afegãos, bolsas franjadas, sandálias de couro cru, alpercatas, cabelos longos e bijuterias artesanais.

Em 1968, o movimento estudantil contra o sistema de ensino, iniciado na Sorbonne, expandiu-se para outros países. A agitação também se voltou para a sociedade como um todo, seus costumes, moral, sexualidade e, até, estética.

Em síntese, a juventude queria liberdade. A pílula anticoncepcional, surgida no início da década, permitira às mulheres um comportamento sexual liberal, e elas lutavam por igualdade de direitos, reconhecimento e equiparação de salários. Como símbolo de liberação, chegaram a queimar sutiãs em praça pública.

Na luta por direitos na Terra, os jovens assistiram o homem pisar na Lua, em julho de 1969. Nesse clima de contrastes, adveio a década de 1970.

Década de 1970

Na década de 1970, a juventude influenciava a moda, a busca por individualismo produziu a antimoda, o movimento hippie ganhava força e o feminismo prosperava, externado por saias longas, tecidos fluidos, transparências, coletes e cachecóis, em inspiração vinda da Índia. No trabalho, as mulheres conquistavam posições até então ocupadas pelos homens, e executivas vestiam blazers com saias ou calças e terninhos com suspensórios e coletes. Na moda esportiva usavam *trainings* de moletom ou fibra sintética, calças compridas ajustadas no tornozelo e blusões de mangas compridas, frente fechada ou com zíper. A aceitação do *training* só era precedida pelo jeans, acompanhado de blusa cacharel com gola rulê ou camisa Lacoste.

Nas discotecas a ordem do dia era o *glitter* e a moda futurista, metálica, espacial. No rock, prevalecia o punk, com seu visual chocante, cabelos coloridos e enfeites de metal.

Nas passarelas, nomes como Gaultier, Montana, Kenzo e Ralph Lauren influenciavam a moda. Jean Paul Gaultier, após a apresentação da sua primeira coleção, em 1976, tornou-se um dos grandes criadores da época. Sua noção de estética fugia às regras e suas criações associavam diferentes universos, rico e pobre, *trash* e chique, masculino e feminino. Peças até então "íntimas" – como sutiãs, cintas e espartilhos – receberam destaque em criações esportivas e *habillées*.

Com ideias opostas, Claude Montana deixou sua marca pela força das criações e ousadia de proporções. Roupas de couro e ombros enormes foram sua marca registrada. Mesmo em trajes femininos, Montana fazia questão de manter um aspecto pesado, masculino, com detalhes marcantes e cores fortes. A cada coleção, um novo impacto, fusão de astronautas com guerreiros medievais japoneses.

Kenzo, que desenhava moldes de roupas para revistas em Tóquio, ao chegar em Paris passou a vender seus trabalhos para Louis Féraud. Seis anos depois, abriu sua primeira butique, a Jungle Jup. Suas criações mostravam influência de roupas típicas asiáticas, e a mistura de cores e estampas em sobreposições é característica da grife.

O nova-iorquino Ralph Lauren se dedicou de início às roupas masculinas (em 1968 criou a linha Polo). Em 1971 expandiu para a linha feminina, com modelos inspirados no Velho Oeste: tweed, algodão, linho, veludo cotelê, caxemira, golas de renda, echarpes, paletós de montaria, saias longas, botas, meias escuras e sapatos de amarrar insinuavam certo romantismo. Sentindo a boa aceitação, em 1978 lançou o estilo que lhe deu fama, o country, ao qual continua fiel.

Uma característica marcante da década de 1970 está no comprimento das saias: micro, míni, Chanel, mídi e máxi. A maxissaia, evasê e fechada na frente por botões, era vestida desabotoada e mostrava botas e pernas.

Década de 1980

Uma moda incerta e insegura marcou os anos 1980, caracterizados por experiências e transformações. Novos tecidos alavancavam a moda. Roupas com estampas de oncinha ou cores cítricas insinuavam um modernismo hesitante. Os *stretchs* apontavam as novidades, mas a busca por brechós indicava insatisfação com o novo.

A moda de academia, que nos anos 1970 foi para as ruas, estava em todos os lugares, vestindo homens e mulheres, jovens ou não. Ao lado dos joggings de moletom ou Lycra, jeans ajustados e as calças leggings realçavam camisetas e blusões de moletom com nomes de universidades. A moda de academia incentivou a busca por esportes, pois demandava um físico em forma.

Na Europa, a década foi marcada por estilistas japoneses. Yohji Yamamoto, Kenzo e Rei Kawakubo mudaram o padrão das passarelas. Amplitude, sobreposições e assimetrias, alinhavadas com arte e simplicidade, foram mostradas com calçados baixos de características medievais. Tecidos com novas texturas, cores e combinações de tonalidades fugiam da tradição ocidental e influenciaram outras coleções.

Nos Estados Unidos, Calvin Klein, Ralph Lauren e Oscar de la Renta marcaram a década. Calvin Klein, nascido em Nova York, se destacou pelo *sportswear*, composto de terninhos, camisas, suéteres, *chemisiers*, saias justas e blazers simples e informais.

Ralph Lauren investiu no estilo country e acrescentou romantismo aos conjuntos: saias rodadas, camisas xadrez, blusas de colarinho alto, preguinhas e babados, casacos curtos de malha de lã com frente transpassada, écharpes floridas.

Oscar de la Renta destacou-se por seus luxuosos vestidos para a noite. Sob influência de Nancy Reagan, primeira-dama dos Estados Unidos, as festas e jantares black-tie exibiam uma elite elegantemente vestida. Além de Oscar de la Renta, Bill Blass e a venezuelana Carolina Herrera vestiam a nata da sociedade norte-americana.

O italiano Giorgio Armani era fiel à elegância sóbria. Em 1981 fundou o Emporio Armani, ampliando as opções para homens e mulheres. A grife Giorgio Armani passou a identificar coleções elitizadas.

O final da década de 1980 e início de 1990 foram marcados pela reestruturação dos alicerces da alta-costura francesa.

Década de 1990

A moda do período foi marcada pelo resgate das ideias consagradas em décadas anteriores – é representativa a convivência de três comprimentos diferentes de saia: míni, mídi e máxi. As mulheres, cansadas do consumismo da década de 1980, guiavam-se por seus estilos particulares, maneiras de ser e praticidade. Andrógina e frágil, buscou inspiração no guarda-roupa masculino para simplificar seu dia a dia. A influência do esporte na moda, o aprimoramento de tecidos sintéticos e a procura por uma moda desestruturada, folgada e com sobreposições direcionaram a moda mostrada em passarelas e a indústria do vestuário.

Nada se equiparava ao jeans como roupa casual, que, com poucas variações na modelagem, tingimento e acabamento, associou-se às t-shirts, blusas "segunda pele" e tops ajustados.

A alta-costura deixou de ser o laboratório de ideias condutor da moda, mas sobreviveu como forma de arte, apresentando modelos de uso improvável, enquanto o *prêt-à-porter* criava peças práticas e acessíveis, com qualidade garantida pela tecnologia.

Inspirações no passado eram evidentes na moda de Vivienne Westwood e Christian Lacroix. Seus modelos, inspirados nos primórdios do movimento punk, eram pulverizados de referências históricas. Rompendo as expectativas, o inglês John Galliano revolucionou as apresentações da tradicional Maison Christian Dior. Jovem e colorida, sua moda se caracterizou pelo inusitado. Issey Miyake, diferente de tudo e todos, mostrava arte nas passarelas: novos tecidos, combinações, estruturas, cortes e montagens, num visual que impressionava – e impressiona – pela beleza plástica.

Século XXI

O grande destaque está nas inovações tecnológicas, em tecidos que oferecem conforto, são duráveis e não requerem cuidados especiais. Quanto ao visual, nada de imposições, e sim liberdade. Não existe um padrão que identifique o início do novo século, são muitas as tendências para escolha.

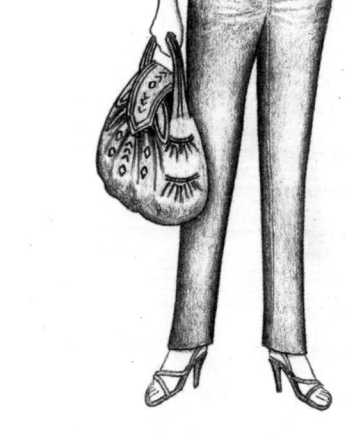

Escolas de moda

De maneira geral, até a metade do século XX as criações exclusivas na moda eram restritas a uma camada privilegiada. Após a Segunda Guerra Mundial, o desenvolvimento industrial, o crescimento da economia, o advento da publicidade e o sucesso do cinema contribuíram para direcionar os holofotes ao mundo da moda, que se tornou opção de carreira para os jovens. São muitas as opções de emprego, da fabricação de parafusos ao transporte das cargas. Diversas áreas ligadas diretamente ao produto final receberam atenção especial: as relacionadas com fibras naturais (animais ou vegetais), fibras químicas (artificiais ou sintéticas), tinturas (naturais ou químicas), fiação e tecelagem (manual ou industrial), além dos setores de pesquisa, criação, modelagem, execução, divulgação e distribuição.

Em criação e modelagem, o que antes dependia de vocação nata, com ensinamentos transmitidos de mestre para aprendiz, agora merecia ensino especializado. Escolas técnicas despontaram, inicialmente, nas grandes capitais da moda: Paris, Nova York, Londres e Milão. No Brasil, a maioria se localiza em São Paulo e, em seguida, Rio de Janeiro, Paraná, Rio Grande do Sul, Santa Catarina, Minas Gerais e outros estados, em menor proporção (Bahia, Pernambuco, Ceará, Rio Grande do Norte, Goiás e Distrito Federal).

Os cursos têm duração variada e atendem a diferentes interesses. Alguns duram quatro anos, outros, de menor duração, são voltados a pós-graduados, como forma de especialização. Entre as matérias que constituem o currículo, citemos história da moda, desenho de moda, planejamento de mercado, estilo e desenvolvimento de coleção, produção, modelagem e costura, tecnologia têxtil, estamparia e gestão empresarial. As escolas também oferecem cursos técnicos, com duração de poucos meses, direcionados a segmentos como design e modelagem, estamparia e gestão empresarial.

POR DENTRO DA MODA

Não bastam boas ideias e saber desenhar: o conhecimento de modelagem e costura são fundamentais para viabilizar um modelo.

Principais escolas de moda no país

São Paulo

Centro de Estudos da Moda ECA – USP
Av. Prof. Lúcio Martins Rodrigues, 443, 1º andar, sala C-8
Cidade Universitária, São Paulo-SP
tel. (11) 3818-5019

Centro Universitário Belas Artes de São Paulo
http://www.belasartes.br/
São Paulo-SP
tel. (11) 5576-7300

Faculdade de Artes Plásticas da FAAP – Fundação Armando Álvares Penteado
http://www.faap.br/faculdades/artes_plasticas/moda/index.htm
São Paulo-SP
tel. (11) 3662-7301

Faculdade Santa Marcelina
http://www.fasm.edu.br/
São Paulo-SP
tel. (11) 3824-5800

Faculdade Senac de Moda
Rua Faustolo, 1347, São Paulo-SP
http://www.sp.senac.br/
tel. (11) 3865-4888

Universidade Anhembi Morumbi
Av. Roque Petroni Jr., 630, São Paulo-SP
http://portal.anhembi.br/
tel. 0800-159020

UniFMU
Av. Lins de Vasconcelos, 3406, São Paulo-SP
www.portal.fmu.br/graduacao/moda
moda@fmu.br

Unip – Universidade Paulista
www2.unip.br/ensino/graduacao/tradicionais/hum_moda.aspx
tel. (11) 0800-010-9000

EMP - Escola de Moda Profissional
Rua Loefgren, 903, São Paulo-SP
http://www.escolademoda.com.br/
tel. (11) 5571-3985

Promoda Cursos de Moda
Rua Silva Pinto, 199, 3º Andar, São Paulo-SP
http://www.cursosdemoda.com.br/
tel. (11) 3331-1193

IBModa - Instituto Brasileiro de Moda
Rua Capote Valente, 432, São Paulo-SP
http://www.ibmoda.com.br/
tel. (11) 2528-8996

Senai Vestuário
www.sp.senai.br
São Paulo-SP
tel. (11) 3361-3787

Escola de Moda Sigbol Fashion
http://www.sigbol.com.br/
São Paulo-SP
tel.: (11) 5081-6361

Centro Universitário de Rio Preto
http://www.unirp.edu.br/moda.htm
R. Yvette Gabriel Atique, 45, São José do Rio Preto-SP
tel. (17) 3211-3000 / 0800-121500

Rio de Janeiro
Universidade Veiga de Almeida
http://www.uva.br/cursosdemoda/
Rua Ibituruna, 108, Rio de Janeiro-RJ
tel. (21) 2574-8888

Escola de Moda Cândido Mendes
http://www.ucam.edu.br/
Rua Joana Angélica, 63, Rio de Janeiro-RJ
tel. (21) 2267-7671

Universidade Estácio de Sá
Av. Ayrton Senna, 2.800
http://www.estacio.br/
tel. (21) 3410-7400

Faculdade Senai - CETIQT
Rua Magalhães Castro, 174, Rio de Janeiro-RJ
http://www.icetiqt.senai.br/
tel. (21) 2582-1000

Paraná
Universidade Tuiuti do Paraná
http://www.utp.br/cursos/facet/Design_Moda.asp
tel. (41) 3331-7794

Centro Universitário de Maringá
Av. Guedner, 1610, Maringá-PR
http://www.cesumar.br/
tel. (44) 3027-6360

Universidade Estadual de Maringá
http://www.uem.br/
Cianorte-PR
tel. (44) 3629-2397

Universidade Estadual de Londrina
Rodovia Celso Garcia Cid - PR 445 - Km 380,
Londrina-PR
http://www.uel.br/
tel. (43) 3371-4000

Rio Grande do Sul
Universidade de Caxias do Sul
R. Francisco Getúlio Vargas, 1130, Caixas do Sul-RS
http://www.ucs.br/
tel. (54) 3218-2100

Santa Catarina
Centro Universitário de Jaraguá do Sul
Rua dos Imigrantes 500, Jaraguá do Sul-SC
http://www.unerj.br/
tel. (47) 3275-8200

Furb - Fundação Universidade Regional de Blumenau
http://www.furb.br/
tel. (47) 3321-0200

Universidade Estadual de Santa Catarina
Av. Madre Benvenutta, 1907, Florianópolis-SC
http://www.ceart.udesc.br/Graduacao/Cursos/Moda.php
tel. (48) 3321-8300

UNIVALI - Universidade do Vale do Itajaí
Balneário Camboriú
tel. (47) 261-1200 e (47) 261-1273

Minas Gerais
CIMO - Centro Integrado de Moda
R. Bráz Baltazar, 123, Belo Horizonte-MG
http://www.faculdadecimo.com.br/
tel. (31) 3464-1584

Universidade Federal de Minas Gerais
Av. Antônio Carlos, 6627, Belo Horizonte-MG
http://www.eba.ufmg.br
Tel. (31) 3499-5256

Centro Universitário UNA
Rua Aimorés, 1451, Belo Horizonte-MG
http://www2.una.br/
tel. (31) 3235-7300

EMSM - Escola de Moda Solange Machado
Rua Antonina Vasconcelos, 70, Uberlândia-MG
http://www.escolademoda.cjb.net/
tel. (34) 3229-4251

Bahia
Faculdade de Tecnologia e Ciências - FTC
Av. Luís Viana Filho, 8812, Salvador-BA
http://www.ftc.br
tel. (71) 3254-6666

Ceará
Universidade Federal do Ceará
Bloco 860 - Campus do Pici, Fortaleza-CE
http://www.estilismoemoda.ufc.br/
tel. (85) 288-9409

Pernambuco
Faculdade Boa Viagem
Rua da Alfândega, 35, Recife-PE
http://www.fbv.br/
tel. (81) 3087-4444

Distrito Federal
Faculdade AD1 de Moda e Design
SIA Trecho 2, Lote 1510/1540, Brasília-DF
http://www.ad1.br/
tel. (61) 3433-3000

Goiás
Universidade Federal de Goiás
Campus II - Samambaia, Goiânia-GO
http://www.fav.ufg.br
tel. (62) 3521-1444

A força da etiqueta

Quanto mais o tempo passa, maior a importância das grandes marcas. Porém, para que um nome ganhe força no mercado é preciso tino comercial, perspicácia e trabalho. Um exemplo, já citado, é o de Coco Chanel, que associou seu nome à marca e tornou-se pioneira ao relacionar um perfume com a alta-costura. O Chanel nº 5, lançado em 1925, é, ainda hoje, o perfume mais vendido no mundo.

A exemplo de Chanel, outros estilistas se valeram dos perfumes para divulgar seus nomes, como Christian Dior, que lançou Dior, Dioríssimo e Diorela. Perfumaria e cosméticos até hoje representam papel importante no faturamento de grifes como Chanel, Yves Saint Laurent, Ralph Lauren e Gaultier.

Não raro os lucros gerados pelo prestígio do nome encorajam o comércio de produtos sem relação direta com o eixo da moda e beleza. Pierre Cardin ilustra bem tal sistema de licenças: seu nome já vendeu canetas, isqueiros, chocolates, móveis, peças para decoração e linha de aparelhos sanitários. O próprio Giorgio Armani, que tem na moda sua principal fonte de renda, não desprezou a perfumaria, a decoração e até bicicletas, lançada com sua coleção de inverno 2007/2008. E Armani ainda promete, num futuro próximo, seu ingresso no ramo hoteleiro.

Conquistado o sucesso, a marca é trabalhada para se manter em evidência e projetar-se em novos mercados: trata-se do marketing.

Identificação da marca

A pesquisa é o ponto inicial para o sucesso de uma coleção. Os rumos do mercado e as tendências devem ser analisados antes do planejamento. De preferência, há a coordenação das peças em torno de uma ideia central, o eixo da coleção.

No caso das grandes marcas, aquelas que possuem imagem própria no mercado, o design de uma nova coleção deve obedecer aos padrões responsáveis por seu posicionamento no patamar das vencedoras. Quando se fala em Chanel, fala-se de uma linha clássica e feminina, com tailleurs, laços e pérolas. Givenchy remete a linhas perfeitas, silhuetas esguias e equilíbrio de proporções. Carlos Miele lembra a valorização da mulher por meio de tecidos leves, sobreposições, jogo de cores e estampas. Dolce&Gabbana é audácia e ousadia, e Armani, o indiscutível bom gosto, cores sóbrias e moda correta.

Grife: design e qualidade

Grife não é coisa recente. Ela está relacionada não apenas ao design, mas à confiança, qualidade e acabamento. Ao adquirir um produto de grife, a pessoa concretiza o desejo de possuir algo que combina design e qualidade.

As grifes variam em importância de acordo com o poder aquisitivo dos consumidores. Para alguns, Dior, Sergio Rossi e Tiffany são objetos de desejo; para outros, Lojas Marisa, Galinha Morta e Casa das Alianças fazem sonhar. Todas, portanto, são grifes.

Quando o consumidor compra uma marca desconhecida, questiona sua qualidade. Por quê? Porque grife é sinônimo de qualidade.

Infelizmente, em concorrência ao trabalho sério com controle de qualidade para manutenção da marca, existe um comércio desonesto que se alastra pelo mundo: as falsificações.

As falsificações

Se marca não fizesse diferença, não existiriam falsificações. São várias as armadilhas do comércio paralelo:
- Apenas a marca é copiada: um relógio com a palavra "Rolex" gravada no mostrador, num modelo não existente entre os verdadeiros Rolex.

- A palavra que identifica a marca é apenas parecida: t-shirts "Locosti", relógio "Bolex", óculos "Bush & Long", isqueiro "Zippu", etc.
- O visual é enganador: peças falsificadas com a marca original em evidência, como tênis de aparência similar ao verdadeiro, inclusive com a marca, mas de qualidade inquestionavelmente inferior.

Cópias mal-intencionadas não são uma descoberta recente. A falsificação tem a idade do comércio e, se ela faz parte da história, o mesmo vale para a repressão a suas atividades. No século XIV, um decreto do imperador Carlos V, do Sacro Império Romano, datado de 16 de maio de 1544, ordenava que os ladrões de marcas tivessem o pulso cortado. Em 1597, dois ferreiros foram pregados no pelourinho pelas orelhas por venderem dois pratos de ouro de qualidade inferior à apregoada. Em 1870, a indústria farmacêutica francesa se descobriu burlada quando produtos não mais exportados continuavam a ser vendidos ao redor do mundo, especialmente no Egito, Atenas e Constantinopla. O industrial do ramo M. Gage liderou a luta contra os falsários, de onde nasceu a União dos Fabricantes, movimento pioneiro na luta contra tais fraudes.[8]

O falso no mundo

Quanto maior o sucesso de uma marca, maior a cobiça dos falsários. A astúcia dos contraventores vem da observação. Em 1970, um vendedor das ruas de Bangcoc notou que grande parte dos turistas que compravam artigos de baixo custo usava camisa polo com um crocodilo bordado sobre o coração. Ao perguntar sobre o detalhe da camisa, ouviu pela primeira vez o nome Lacoste.

---

[8] Cf. Didier Brodbeck & Jean-François Mongibeaux, *Chic et Toc* (Paris: Balland, 1990).

Aquele pequeno crocodilo mexeu com sua imaginação. Por que não bordar a figura, tão cara, dos turistas em suas camisas de venda tão baixa? Dias depois, grosseiras imitações das Lacoste eram disputadas por turistas, indiferentes em pagar o dobro daquelas não bordadas.[9]

Atualmente, a indústria do falso está estabelecida no mundo. Combatê-la é uma batalha sem trégua e sem esperanças de vitória. Cópias são vendidas até mesmo antes do lançamento das peças originais. Bolsas, óculos, relógios, calçados, roupas e perfumes. Nos desfiles de estilistas famosos, apesar de a autorização aos fotógrafos ser feita com rigor, existe quem não perca uma única imagem e depois repasse para as confecções, que as copiam com faturamento garantido. Como impedir?

O número de peças falsas vendidas anualmente ultrapassa em muito o das originais. Cópias de Louis Vuitton, Cartier, Lacoste, Dior, Chanel, Yves Saint Laurent, Lancel e outras marcas francesas constituem 70% das vendas de falsificados no mundo. Levi's, Ralph Lauren, Gucci e Prada completam a lista. E o que dizer da invasão de falsificações oriundas do Oriente? Um caso de difícil fiscalização e solução.

O ciclo de vida da moda

Um lançamento passa por cinco estágios vitais: inspiração, criação, imitação, uso e declínio.

A *inspiração* é baseada em diversas fontes: regionais (cores, vestuário, cultura e comportamento de um povo), acontecimentos políticos e sociais (conquistas de poder, guerras, viagens espaciais), filmes (temas de épocas, ficção, etc.), homenagens (relacionadas às artes, principalmente) e outras. Alguns exem-

O verdadeiro crocodilo da marca, com dentes aparentes.

Hoje, as falsas Lacoste aparecem com o crocodilo nas mais variadas posições: virado para a direita, para a esquerda, rabo para cima, para baixo, cabeça para o alto e boca fechada. A grande maioria das pessoas não atenta aos detalhes. Para quem adquire conscientemente uma camisa falsa, o que vale é desfilar com um pequeno crocodilo sobre o peito.

[9] *Ibidem.*

plos seriam a moda Mao, com gola alta característica e abotoamento em diagonal; a moda espacial de Cardin, com malha colante, muito branco e prateada, detalhes de vinil, macacões e botas; o estilo militar, marcado por modelagens de alfaiataria, abotoamentos duplos, lapelas e cintos largos; a moda folclórica, com profusão de cores alegres, franzidos e babados que fizeram o sucesso das ciganas de Saint Laurent.

A *criação* é a materialização da ideia. Dela resultam novas peças que esperam pelo sucesso nas passarelas, divulgação na imprensa, faturamento e consagração nas ruas.

Na *imitação*, a concorrência produz peças similares, em grandes quantidades, com qualidade inferior, para atingir maior público. Por exemplo, os modelos usados por Jaqueline Kennedy, acompanhados de óculos elegantes, ou os tailleurs Chanel, com botões, passamanarias e correntes.

Na fase de *uso* em massa, a moda se populariza. É quando o faturamento se intensifica.

No *declínio*, o consumidor já busca novidades, mostrando-se pronto para continuar alimentando as engrenagens da moda.

Novo século, novo conceito, novo fenômeno

Por volta de 1960, quando se perguntava como nos vestiríamos no ano 2000, imaginavam-se astronautas: tecidos metálicos e colantes, muita cor prata, vinil, transparências e botas brancas. Era a visão da moda do futuro. No entanto, nada disso se concretizou.

Neste início de século os conceitos são outros. A moda deixou de ser um produto para tornar-se sinônimo de estilo de vida. Na hora da compra, as pessoas não desejam somente uma roupa nova, e sim algo que identifique seu comportamento, maneira de ser e estilo de vida.

Luxo e *glamour* foram substituídos por conforto, materiais fáceis de cuidar, durabilidade e, acima de tudo, estilo de vida. Enquanto a classe média se veste cada vez melhor, integrantes da elite assumem um ar *blasé*, em que a aparência é o que menos importa. Embora transmitam uma mensagem de desapego, investem tempo e dinheiro na busca de uma aparência de menosprezo àquilo que a maioria almeja: camisa impecável com colarinho desabotoado e ausência de gravata (ou com nó bem frouxo); jeans de grife caríssima rasgado; jaqueta de couro de quatro mil dólares sobre camiseta rasgada; em trajes formais, punhos da camisa desabotoados e caídos sobre as mãos; vestidos de noite com sandálias Havaianas; barba por fazer ou cabelo "cuidadosamente" despenteado.

Esses detalhes, adotados para indicar despretensão, ganharam espaço nas passarelas, itens de uma moda informal.

A imprensa e a moda

Jornalismo de moda

O poder dos (bons) jornalistas de moda é incontestável. Sua opinião é valorizada à medida que seu conhecimento na área, suas aptidões na escrita, sua honestidade e imparcialidade são reconhecidos. Das palavras dos jornalistas, é comum nascerem novas modas e tendências. No passado coleções de alta-costura eram apresentadas de em salões fechados, de modo confidencial, para poucos privilegiados. Hoje, nos desfiles de alta-costura e *prêt-à-porter*, jornalistas comparecem maciçamente, e os nomes mais importantes da área têm seus lugares reservados na primeira fila. Os investimentos na moda são colossais, e a opinião da imprensa pode tanto multiplicar o sucesso de uma coleção como lançá-lo ao ocaso.

O papel mediador da imprensa, entre a passarela e o grande público, é indispensável para manter o bom funcionamento da indústria da moda, e o trabalho do jornalista é movido a paixão. A possibilidade de acesso a ambientes exclusivos, a compreensão dos caminhos criativos dos estilistas, suas inspirações, suas influências, tudo é muito gratificante. Entretanto, mesmo jornalistas com alto grau de respeitabilidade jamais devem deixar o gosto pessoal interferir em suas resenhas. É necessário conhecimento das raízes, evolução, influências e transformações da moda, pois uma frase apenas pode pôr em risco a carreira do estilista.

Existe ainda a interferência indireta dos grandes anunciantes, principalmente de revistas femininas. Na hora da produção de fotos, o peso financeiro se faz presente e, invariavelmente, seus produtos aparecem.

Como qualificar o papel da imprensa de moda? Em que medida há influência dos jornalistas na aceitação da moda pelo público? Editoriais subservientes ao gosto pessoal e interesses publicitários são válidos? Informações corretas e orientações confiáveis são elaboradas por jornalistas idôneos em veículos de imprensa respeitáveis, em que inexiste interferência dos grandes anunciantes.

O trabalho de um jornalista de moda é variado. Na editoria, suas obrigações incluem leitura de material informativo (jornais, revistas e livros, incluindo releases de assessorias), organização de edições, reuniões de redação, seleção de material, escolha de modelos, seleção de fotos, textos para editoriais e matérias, além de eventual direção de fotos. Fora da redação, os compromissos continuam: lançamentos, almoços, coquetéis, *vernissages*, inaugurações, jantares, etc.

Quando se trabalha como free-lancer, a ocupação do tempo depende do profissional. É uma situação incerta, que exige competência e contato contínuo com redações e assessorias – do contrário, é grande a possibilidade de ser esquecido diante da grande concorrência. Existem prós e contras nessa situação: o trabalho permite maior liberdade e aproveitamento do tempo; o texto, porém, deve ser informativo e imparcial, pois uma opinião só é respeitada após reconhecimento do nome; a dificuldade em receber convites e obter credenciais para desfiles é fato.

Uma experiência pessoal

Ao receber convites para as temporadas de desfiles, é obrigatória sua apresentação na entrada do evento. A esse respeito, gostaria de relatar um fato que ocorreu comigo em Paris, há alguns anos. Trabalhava como editora de moda do jornal *O Estado de S. Paulo*, cargo que ocupava havia mais de trinta anos, e cobria desfiles internacionais para as edições especiais do Suplemento Feminino, em que assinava textos e fotos. Na equipe, havia uma free-lancer, que enviava os textos sobre os desfiles para as edições diárias. Suas matérias eram ilustradas com fotos que o jornal comprava de agências internacionais.

Naquela temporada, algo diferente acontecia: os convites que recebia normalmente não chegavam ao hotel em que estava hospedada, em Paris. Estranhando o atraso, telefonei para algumas *attachées de presse* e a informação que recebi fora que os convites para *O Estado de S. Paulo* haviam sido enviados. Não satisfeita, fui ao escritório da *attachée de presse* da grife Chloé – cujo convite me era enviado religiosamente a cada coleção – para maiores detalhes. A funcionária confirmara o envio do convite e mostrou a lista de revistas e jornais credenciados, com o nome dos respectivos representantes e suas funções. Ao lado de *O Estado de S. Paulo*, constava meu nome como editora de moda e o da free-lancer como editora-sênior. Como o local do desfile era pequeno, os convites eram poucos, por isso reservavam apenas um convite para cada órgão de imprensa. Sênior está em posição superior à editora de moda, portanto, o convite fora remetido à free-lancer, que sequer era funcionária do jornal.

Na temporada seguinte, recebi da Federação Francesa da Costura, do Prêt-à-Porter dos Costureiros e dos Criadores de Moda – como é de praxe, com meses de antecedência – o formulário a ser preenchido, carimbado e assinado pelo diretor da redação, para posterior envio a Paris.

A free-lancer também o recebeu, mas seu formulário, por casualidade, chegou às minhas mãos depois de preenchido. Para meu espanto, no espaço reservado ao cargo ocupado no jornal, a free-lancer escreveu "editora-sênior". Estava explicado o que acontecera na temporada anterior.

Levei o caso ao diretor de redação, que, penso, assinara o formulário em confiança, sem se ater aos dados (que, talvez, foram preenchidos após sua assinatura). Abismado, afirmou que, daquele dia em diante, ela não contribuiria mais para o jornal.

A free-lancer, já em Paris, foi avisada que suas matérias não seriam publicadas. Antes do início de um dos desfiles, dirigiu-se a mim e disse não entender o que estava acontecendo. Eu lhe relatei o ocorrido, que não figurava novidade para ela.

Época das coleções

Uma maratona: é o que a imprensa especializada vive a cada temporada de desfiles. Europa e Estados Unidos apresentam suas coleções de inverno em fevereiro e início de março, cujas peças chegam ao consumidor somente no final do mesmo ano. Em setembro e início de outubro, as apresentações se repetem, com modelos primavera-verão, disponíveis ao público a partir de março do ano seguinte (início da primavera no hemisfério norte).

Dada a diferença de estações, há alguns anos a moda desfilada na Europa chegava ao Brasil com um atraso de cerca de seis meses. A primavera brasileira coincide com o outono europeu e vice-versa. Daí, os modelos "novos" – vendidos no Brasil a preços exorbitantes – estavam em liquidação no mesmo período, no país de origem. Essa diferença de preço tornou-se um transtorno, multiplicado com o aumento das viagens internacionais.

Com a abertura de lojas de grandes grifes (Armani, Dior, Vuitton, Versace e outras) em São Paulo, principalmente, a moda desfilada passou a chegar ao mercado nacional em tempo real.

O agito da imprensa

Na imprensa, a movimentação se inicia com antecedência. Primeiro, não basta querer cobrir o evento, é preciso ter acesso a ele, e a busca de credenciais é encargo dos assessores de imprensa. Fora do Brasil, contudo, não é fácil. Programada a viagem, confirmado o hotel, o profissional entra em contato com o órgão responsável pela imprensa na cidade onde se dará o evento e solicita o formulário para inscrição. Ao preenchê-lo, deve-se informar o endereço onde se permanecerá durante os desfiles, pois é para lá que os convites serão remetidos. Nele, também é necessário especificar o cargo ocupado (editor, fotógrafo, etc.), pois há diferenças nos convites. Depois de carimbado e assinado pela diretoria ou chefia de redação, o formulário – original, não são aceitas cópias – deve retornar ao endereço de origem. O fotógrafo deve comparecer ao local onde foi expedido o formulário dias antes do início dos desfiles para receber o crachá de identificação.

Prêt-à-porter: participantes dos desfiles

Embora a imprensa destaque as grifes mais conhecidas, são dezenas as que apresentam suas coleções nas temporadas de desfiles, seja no Brasil ou no exterior. No exterior, a temporada de desfiles do *prêt-à-porter* feminino para a primavera-verão tem início em Nova York, seguida de Londres, Milão e Paris. É impossível cobrir todos os desfiles. Mesmo selecionando alguns nomes, a tarefa é árdua. Em cada um dos quatro países, nomes importantes se destacam num grande número de participantes.

No Brasil, são duas edições de São Paulo Fashion Week, pioneira no país, e Rio Fashion: a coleção primavera-verão em junho, e a coleção outono-inverno em janeiro.

As firmas realizadoras dos desfiles são as responsáveis pelo envio dos convites. Fora do Brasil, quando o interessado chega ao hotel, é comum encontrar convites à sua espera. Os mais requisitados geralmente chegam um ou dois dias antes do evento.

Os profissionais com pouco tempo de carreira nessa área muitas vezes precisam entrar em contato com o departamento de imprensa da grife e cobrar o convite não recebido. Algumas vezes, escuta que os lugares já estão todos ocupados; em outras, o convite é enviado por um portador; se o convite estiver à disposição, mas há falta do portador, a solução é retirá-lo pessoalmente. Fotógrafos seguem esquema similar: além do crachá de identificação, é preciso apresentar convite nominal. (No Bra-

O desfile deve ser visto através da lente. Só assim se garante o registro de tudo.

sil, os convites chegam com antecedência para imprensa e convidados locais. Estrangeiros recebem os convites em seus hotéis.)

Para entrar no local do desfile, deve-se enfrentar uma fila. Seguranças fazem o controle da entrada. Os primeiros a ingressar são os fotógrafos, que ainda enfrentam outra batalha: um lugar no local reservado a eles. Para o público em geral, incluindo o restante da imprensa, os lugares são marcados. Assim, os problemas de acesso terminam ao entrar no recinto.

O desfile na plateia

Nos desfiles mais importantes, compradores de lojas famosas vindos de vários países são recepcionados por representantes das grifes, que os acompanham aos seus lugares na primeira fila. Japoneses, americanos e ingleses são recebidos com sorrisos de orelha a orelha. Afinal, eles representam Sacks, Harrods, Bloomindales, Selfridge, Mitsukoshi, Takashimaya e outros.

Estrelas do cinema, da música e *socialites* também têm lugares marcados, e sabem que serão objeto de assédio de fotógrafos. Muitas abaixam ou viram a cabeça de propósito, enquanto os fotógrafos, à sua frente, esperam o momento de clicar. Com isso, um aglomerado se forma, e elas atingiram seu objetivo: momentos instantâneos de glória e fama.

Há, entretanto, as estrelas realmente famosas e simpaticíssimas, que contribuem com o profissional que a clica, executa sua tarefa e segue seu trabalho. É o caso de Catherine Deneuve e Carole Bouquet, por exemplo. Há ainda outro tipo: as pertencentes ao escalão intermediário, que fazem de tudo para apare-

Experiência pessoal

É gratificante olhar belas fotos de desfiles publicadas com destaque em jornais e revistas, mas pouquíssimos sabem avaliar as dificuldades por trás das imagens. Nem sempre é assim, é verdade, mas, na maioria das vezes, é uma tarefa trabalhosa, cansativa e apaixonante.

Fazia frio, um clima pouco convidativo para esperar numa fila na calçada, na companhia de dezenas de fotógrafos de vários países. Uns conversavam animadamente (compreensível, pois era o início da maratona e o gás era total), outros aguardavam sentados na calçada. Alguns se apoiavam em tripés, encostavam em escadas, sentavam sobre caixas de equipamentos, comiam lanche ou dividiam um chocolate com os amigos.

Finalmente, chegou a hora de entrar. Porta aberta, tivemos as identificações conferidas e rapidamente nos dirigimos ao local, equipamento a tiracolo. Como sou pequena, me posicionei bem na frente, no chão, sentada sobre minha maleta, que carrega máquinas, lentes, pilhas, etc. Tem início a acomodação de sempre: aperta um pouco para cá, empurra um pouco para lá, num espaçozinho se encaixa mais um, outro se ajeita do lado e, aos poucos, todos se acomodam. Como sempre, alguém atrás grita: "Como você vai ficar?"

Pego minha máquina, a posiciono na frente do rosto e digo: "Assim!"

"Tudo bem, mas não levanta, se não, você entra na minha lente!"

Essa conversa se repete. De todos os lados, escuta-se: "Aqui não dá para ficar! Como você vai ficar com esse braço? Vai dez centímetros pra frente! Você não cabe, eu não vou poder trabalhar! Não se mexe, ok? Vê se dá para trocar o filme assim! Tem uma caixa para me emprestar? Senta! Senta! Sai da frente! SENTA!!!"

A movimentação antes do desfile se repete a cada apresentação, especialmente quando se trata de grifes famosas. O público lota a sala, grandes compradores e editoras internacionais ocupam suas cadeiras, começam a chegar *socialites*, estrelas de cinema e gente eminente ligada a política, esporte, etc.

Fotógrafos se movimentam, à procura de um sorriso, um ângulo diferente, um olhar exclusivo ou um flagrante revelador. Geralmente, são fotógrafos ligados a colunas sociais ou novatos, deslumbrados com a possibilidade de clicar alguém famoso. Os fotógrafos *habitués* não saem de suas posições. Querem que o desfile comece logo, para partirem para o seguinte.

Parte dos fotógrafos, prontos para o trabalho.

POR DENTRO DA MODA

Perdi esta pose. No momento, trocava o filme na máquina, na primeira fila.

Passado o burburinho que antecede o evento, as luzes são apagadas, substituídas por holofotes que iluminam a passarela. Tem início a música. Faz-se silêncio. Todas as máquinas a postos.

Eu acompanhava os desfiles através da lente, e clicava o que considerava interessante, atentando aos detalhes: sapatos, golas, costas, decotes, cabeças, etc. Fotografar pessoalmente é muito diferente de escolher fotos clicadas por terceiros após o desfile, fotos que nem sempre mostram aquilo que se observou durante a apresentação. Outra vantagem de fotografar sendo editora é que, no momento das fotos, automaticamente organizamos por temas as futuras matérias: tendências de modelagem, decotes, cores, padrões, etc.

cer, com roupas chamativas, decotes audaciosos e atitudes censuráveis. O bom profissional simplesmente as ignora.

Quanto à moda nacional, só merece elogios. Embora sejamos novatos em comparação às grandes capitais, o alto nível das apresentações está à altura do talento demonstrado. Temos características próprias, reconhecidas pela imprensa e compradores internacionais. A moda brasileira atravessou fronteiras e hoje se impõe por seu próprio valor.

> Na própria imprensa existe o profissionalismo e o exibicionismo. É fácil distinguir aqueles que aguardam o início do desfile conversando de maneira natural e os que desfilam para lá e para cá em busca de destaque. Agem desse modo para serem fotografados e entrevistados. Ao sentar, permanecem pouquíssimos minutos no lugar: logo levantam e começam a andar de um lado para outro, em locais bem visíveis, fingindo falar ao celular enquanto olham para as próprias mãos, anéis, pés e calçados. Esse tipo de coisa é bastante comum no Brasil.

O poder das fotos

A distribuição dos convites é responsabilidade das grifes, que recebem do órgão oficial responsável a lista de jornalistas e fotógrafos internacionais credenciados e seus respectivos endereços na cidade do evento.

Fatores como o país de origem do profissional e o veículo que representa influem no recebimento dos convites. O país de origem pesa inclusive na localização do profissional na sala da apresentação. Normalmente, jornalistas do mesmo país sentam juntos. Quanto mais "importante" o país, mais próximo da passarela fica seu grupo de jornalistas. Entretanto, nomes de destaque na imprensa internacional de moda, como Suzy Menkes (*Herald Tribune*), Franka Sozzani (*Vogue* italiana), Anna Wintour e Andre Leon Talley (*Vogue* americana) têm cadeiras cativas na primeira fila.

Também existe uma seleção entre os fotógrafos, pois o espaço reservado a eles é sempre pequeno. A fiscalização na hora da entrada é rigorosa, mas não infalível.

POR DENTRO DA MODA

O salão, decorado em estilo oriental.

Experiência pessoal

Os desfiles de Kenzo foram sempre perfeitos. Moda e organização, irretocáveis. Como resultado, a divulgação da sua moda sempre obteve espaço na imprensa especializada. No entanto, quando resolveram apresentar sua coleção no primeiro andar de sua sede, no nº 3 da place des Victoires, houve problemas.

Era março de 2001. Como de costume, as portas se abriram para os fotógrafos muito tempo antes da entrada dos convidados. O local estava magnificamente decorado em estilo oriental, com muito preto, vermelho e dourado, mesinhas baixas repletas de *ikebanas* e guloseimas e banquetas reservadas aos convidados. As modelos desfilariam por entre as mesas, num clima totalmente diferente das passarelas tradicionais.

Posicionamo-nos com rapidez da melhor forma possível, de modo a não interferir na apresentação, obstruir as passagens ou prejudicar a visão dos convidados (sem, contudo, perder o melhor ângulo para as fotos). Tudo levava a crer que as fotos seriam belíssimas: a moda de Kenzo, sempre perfeita, era complementada pela decoração original do ambiente.

Eis que surgiu um funcionário e, autoritário, nos informou:

"Vocês não podem ficar aqui. O salão é só para os convidados. Sigam-me, vou mostrar o local reservado para as fotos."

E nos mostrou uma salinha, onde, num canto, o cenário já estava preparado. Os fotógrafos deveriam se posicionar no lado oposto, isolados por uma corda. O funcionário explicou:

"Nesta sala vocês podem trabalhar sossegados. A iluminação já está pronta. As modelos desfilam no salão, entram aqui, fazem a pose, vocês clicam e ela dá lugar à próxima."

A fúria se instalou imediatamente. Muitos, que montaram escadas e tripés no salão principal, se recusaram a sair. Sem resultado, pois "nenhum fotógrafo poderia permanecer na sala do desfile".

Num desfile, o movimento é muito importante. A caída do tecido durante o caminhar, o efeito da roupa num giro, os passos largos, o instante de uma parada, enfim, possibilidades para diferentes fotos e poses exclusivas. Na sala "reservada", as fotos seriam similares às de estúdio, posadas e iguais.

Unidos, nos revoltamos: ou liberariam a sala do desfile ou deixaríamos o local, e Kenzo não teria uma só imagem de seu desfile divulgada na imprensa. Pediram para esperarmos alguns instantes e voltaram afirmando que a ordem seria mantida.

Mantivemos nossa decisão. Saímos todos, sem exceção. As únicas fotos que possuo referentes a Kenzo nesse dia são as dos fotógrafos deixando o local e a confraternização da classe na calçada, na place des Victoires. No dia seguinte, os jornais mostravam fotos de outros desfiles. Sobre Kenzo, apenas o triste relato do acontecido.

A nossa reação surtiu efeito, pois, na coleção seguinte, fomos tratados de maneira correta, e Kenzo reconquistou seu lugar na imprensa.

Na calçada, ainda esperávamos por uma mudança de ordem, que não veio, e partimos sem uma única foto da moda de Kenzo.

Experiência pessoal

Eu já cobrira os desfiles em Paris diversas vezes. Registrada na Federação Francesa da Costura, do Prêt-à-Porter dos Costureiros e dos Criadores de Moda, recebia convites de inúmeros costureiros, mas nunca de Issey Miyake. Não havia razão especial para isso, mas o fato é que, sem convite nominal, nada feito. Como o tempo era escasso e a quantidade de trabalho era muita – o que me obrigava a selecionar os convites recebidos –, Issey acabava sem ser fotografado.

Certa vez, decidi dar um jeito de entrar com a cara e a coragem no desfile de Issey, a ser realizado na École Nationale Supérieure des Beaux-Arts, na rue Bonaparte, nº 14.

Chovia e fazia frio. Eu e mais dois fotógrafos amigos, um francês e um italiano, vínhamos de outro desfile, e a intenção era tentar entrar como se eu fosse auxiliar de um deles. A fila de fotógrafos se formava no portão da escola, sob chuva. Outros amigos, também italianos, queriam colaborar na tentativa: "Me dá sua malinha. Você entra carregando esta escada ou este tripé, assim fica com cara de auxiliar".

Outros, mais experientes, opinavam: "Acho melhor não arriscar. Ela vai ficar marcada. Esses caras não esquecem".

Alguns seguranças, especialmente os que trabalham nos desfiles realizados no Carrousel du Louvre, estão habituados com nossa presença. Outros, nem tanto, e se tornam antipáticos ao mostrar sua autoridade.

Naquela tarde, eu usava uma ampla capa preta, com capuz e aberturas na frente para os braços. Sob proteção do guarda-chuva, abaixava o capuz e minha cabeça com trança na nuca ficava aparente. Finalmente, veio a ordem para entrar. Os seguranças conferiam tudo: credenciais dos fotógrafos e convites nominais. Quando fui passar, me barraram.

"Ela é minha auxiliar!", gritou um conhecido que já acabara de passar.

"De todo jeito, tem que ter convite", dizia o segurança.

"Com essa chuva, acabei perdendo, não sei onde eu guardei", acrescentei.

"Mettez vous à côté! Reculez! Reculez!"

"S'il vous plaît, Monsieur! Je dois faire les photos!"

Não houve jeito. No meio de tanto tumulto e garoa, virei as costas e comecei a andar em direção à rua, quando vi, à minha esquerda, uma porta entreaberta. Percebi que dava acesso. Entrei.

Era uma espécie de depósito, com muita madeira, bases para esculturas, peças quebradas e bacias com gesso. Rumei para os fundos e saí no pátio interno, onde um caminhão tentava passar grossos fios de transmissão, talvez de televisão, por cima de um portão de ferro. Havia lama no chão. Passei por tudo e cheguei na parte posterior do prédio, onde, no primeiro andar, se daria a apresentação. Vi uma porta e, ao tentar entrar, esbarrei num segurança.

"Onde a senhora vai?", perguntou, em francês.

"Vou ao desfile. Aliás, já estava lá, mas precisei descer."

"Então a senhora vai entrar pela porta da frente. Por aqui não pode subir. Lá, a senhora apresenta sua credencial ao guarda e sobe."

Voltei. Quando passava perto do caminhão, notei que tinham aberto o portão de ferro para passar os fios, muito pesados. Não tive dúvidas. Corri, malinha dentro da capa, capuz na cabeça. No entanto, os guardas que faziam o controle dos fotógrafos na entrada me viram e um chamou o outro, apontando para mim. Disparei, vi a escada e subi como um raio. Entrei na sala onde meus amigos se posicionavam no fundo e tirei a capa.

"Você está aqui? Como conseguiu entrar?"

"Depois eu conto."

Eu usava um suéter vermelho. Joguei a capa no chão, sentei na malinha e soltei rapidamente a trança, dando volume aos cabelos com os dedos. Minutos depois, um dos seguranças entrou na sala, inspecionou, e eu firme, sentada, mexendo na máquina. Ele saiu e eu fiquei. Ufa!

Sempre procuro fazer o melhor, e naquele desfile dei tudo de mim. Issey apareceu na capa e nas páginas centrais da edição especial sobre os desfiles. Mandei alguns exemplares para a sede de Issey Miyake, em Paris. Depois de alguns dias recebi na redação do jornal um pacote vindo de Paris: um presente de Issey para mim. Uma belíssima blusa roxa, com seu plissado característico. Da temporada seguinte em diante, não só passei a receber o convite, como a *attachée de presse* da *maison* me garantia um lugar de onde eu pudesse fotografar com tranquilidade.

POR DENTRO DA MODA

A modelo se abaixou para arrumar os sapatos, e a abertura de sua saia provocou o disparo de centenas de flashes.

O que não é mostrado

O mundo da moda, sempre em ebulição, se agita com maior intensidade duas vezes ao ano, quando os lançamentos do *prêt-à-porter* primavera-verão e outono-inverno são apresentados à imprensa, compradores e público.

Leitores aguardam ansiosos pelas publicações que, geralmente, mostram a essência dos desfiles. Tendências aparecem nos modelos mais criativos, nas melhores fotos e ângulos. Dificilmente há críticas e, quando existem, são feitas com palavras muito bem dosadas. No entanto, nem tudo é perfeito. Aberrações aparecem, o imprevisto é inevitável e a documentação de uma foto é incontestável.

Sapatos que quebram o salto e sandálias que arrebentam as tiras muitas vezes atrapalham o espetáculo. Só o profissionalismo da modelo pode amenizar o incidente, e seu despreparo evidencia o ocorrido.

Quando não dá para andar, o jeito é tirar.

Autoentrevista sobre moda

Por trás desse fenômeno sociocultural manifestado por mudanças periódicas de estilo, existe uma engrenagem movida por cabeças pensantes em todo o mundo. A estrutura da moda se mantém há séculos por aqueles que desejam ascender ou permanecer em determinada posição social.

Nesse universo há vaidade, *glamour* e autoestima. Existem também expressão, comunicação e protesto, além de muito trabalho. Mudanças de estilo não se fazem ao acaso, mas são fundamentadas em dados concretos ligados a arte, economia, política ou acontecimentos marcantes.

Engana-se quem pensa que moda se resume a aparência e futilidades. Ao contrário, a moda nunca mereceu tanta seriedade como agora; basta lembrar que, segundo a Associação Brasileira da Indústria Têxtil (Abit), o setor de têxteis e vestuário é o segundo maior empregador do Brasil na indústria de transformação.

São muitas as dúvidas relacionadas aos alicerces e bastidores da moda, além das curiosidades em torno do jornalismo especializado. Os interesses diferem entre as classes sociais.

Classes A e B demonstram curiosidade relacionada à história da moda, o processo de valorização das grifes, etapas iniciais do processo de criação, origem das tendências e desenvolvimento de uma coleção. Classes C e D são atraídas pela etapa final do processo, ou seja, a apresentação ao público: desfiles, vitrines, revistas e a rua, isto é, a aceitação do público.

Estudantes de moda demonstram grande interesse acerca do dia-a-dia no jornalismo da área. São ávidos por informações específicas, vindas principalmente de pessoas que já vivenciaram tal experiência.

Reuni perguntas que já me foram feitas. Espero, com as respostas, fazer da moda algo mais bem compreendido e respeitado.

Muitas pessoas que não leem sobre moda dizem ser algo fútil. Entretanto, desejam saber o que será usado na próxima estação. Isso é falta de interesse?

O desinteresse pela leitura é motivado, em parte, por textos de profissionais que, tendo um veículo de divulgação nas mãos, apenas mostram imagens como sugestão de consumo, acompanhadas de comentários descartáveis. Felizmente, a má qualidade não é regra: a imprensa possui jornalistas capazes, que contribuem com amplo conhecimento. A moda é tão ampla que um texto inteligente e bem redigido prende a atenção do leitor e ele adquire cultura geral.

Como explicar a falta de informações mais abrangentes?

Muitas pessoas que escrevem sobre moda são carentes de base, conhecimento e hábito de pesquisa – importantes para descrições, análises e opiniões. Daí os textos sem conteúdo. Em relação à qualidade do texto, é importante que se observe o veículo. Muitas matérias sobre desfiles possuem pequenos textos sobre tendências apresentadas nas passarelas: o espaço restante é dedicado a comentários, paralelos ao evento, sobre modelos, pessoas importantes presentes, etc. Existem ainda as matérias compostas por fotos e legendas (muitas vezes desnecessárias, pois citam exatamente o que se vê na foto), com indicação da marca, pontos de venda e preços – e nada além. Não é de se estranhar que pessoas rotulem a moda como uma futilidade.

Se houvesse algo de substancial no texto, informações baseadas na história da moda, análises das influências na criação ou mesmo evidenciando a importância da moda na economia do país, haveria maior interesse dos leitores. Afinal, são inúmeras as indústrias por trás do *glamour* final.

Como deve se vestir um jornalista de moda?

Estar em contato com as novidades é obrigação do jornalista de moda, mas ele deve vestir-se de acordo com suas atividades diárias. Na redação e durante uma seção de fotos, usará roupas adequadas, confortáveis e pouco chamativas. Durante uma reunião com subordinados, não deverá ostentar seu *status* por meio da roupa, criando um ambiente amigável e respeitoso. Para reuniões com superiores, contatos profissionais e almoços, deve usar peças de bom gosto e evitar roupas chamativas. Em jantares e coquetéis, é hora de maior capricho na produção, sempre despertando a atenção pelo correto e não pelo excêntrico.

Muitos jornalistas de moda aparecem como celebridades. É a atitude certa?

Primeiramente, a aparência é supervalorizada em detrimento do conteúdo. Em segundo lugar, a mídia muitas vezes concede espaço demais a pessoas que se autopromovem. Há, inclusive, assessorias que se incumbem disso.

Como deve acontecer a formação do jornalista de moda?

Jornalistas interessados em atuar em moda deverão cursar uma boa faculdade específica. Hoje, existem mais de trinta delas, e cerca de 250 cursos de nível superior voltados a essa área. Mas diploma não é tudo. É preciso ter em mente que o mercado é restrito e extremamente competitivo, portanto, é natural que os mais capacitados se destaquem. Além de gostar de moda, é importante cultivar o hábito da leitura e da pesquisa. Infelizmente, existem poucas publicações nessa área em português.

O que podemos dizer sobre a moda brasileira nos últimos anos?

No Brasil, ainda não existe uma cultura de moda. Não temos tradição se comparados aos países europeus, por exemplo (a França em especial). O primeiro passo para tratar a moda com seriedade se deu em julho de 1996, com a primeira edição da semana de moda, o Morumbi Fashion, com desfiles de cinquenta minutos e nenhuma infraestrutura. Hoje, sob o nome São Paulo Fashion Week (SPFW), o evento é realizado no prédio da Bienal, no Parque do Ibirapuera, com a presença da imprensa brasileira e representantes estrangeiros. O SPFW organizou o mercado de trabalho e hoje faz parte do calendário mundial. O Brasil caminha a passos largos, mas ainda há muito a trilhar.

De 1996 a 2008, são apenas doze anos, isso não significa nada no mundo da moda. Antes, não havia seriedade na moda brasileira, tampouco interesse do público. Tudo era cópia, e as diferenças entre as estações do ano europeias era um agravante.

De que maneira interferia a diferença entre estações?

Até a metade da década de 1990, era comum, em pleno verão, o uso de botas de cano alto, jaquetas amplas, bonés e suéteres volumosos, tricotados com grossos fios de algodão. Dessa maneira, garantia-se o visual da última moda – o que era um absurdo!

Hoje, a engrenagem da moda funciona no Brasil. As indústrias seguem calendários preestabelecidos, e as peças chegam ao mercado consumidor na hora certa, de acordo com o clima. As grifes estrangeiras instaladas no país se adaptam, oferecendo peças adequadas. Os lançamentos chegam às lojas nacionais ao mesmo tempo que às demais. Isso não significa que grifes como Dior, Versace e Armani não possuam em suas matrizes peças mais pesadas em suas coleções de inverno.

A moda globalizada atinge todas as classes sociais?

As tendências inicialmente dirigidas às classes A e B influenciam as indústrias dirigidas às classes C e D, com restrições. Modelagem, qualidade do material, cores e padronagens, além do esmero na confecção, fazem a diferença na moda das classes privilegiadas.

No geral, pode-se dizer que, até a metade do século XX, a moda era restrita às camadas abonadas. Após a Segunda Guerra Mundial, o desenvolvimento industrial, o crescimento da economia e valorização da mídia, o mundo da moda despertou interesse generalizado.

Como se desenvolve uma coleção?

Tudo se inicia com a definição da cartela de cores seguida pelas indústrias têxteis. No departamento de criação, deve-se observar o calendário da coleção (data do início do seu desenvolvimento e data de lançamento), com atenção para a análise do público-alvo e estudo do mercado. Um detalhe importante é manter as características da marca.

Nas pesquisas, atenção especial aos movimentos geradores de tendências, observados em âmbito nacional e internacional em áreas como política, religião, economia e cultura. Finalmente, a criação das peças com base nos resultados obtidos. O ideal é que haja coordenação das peças em torno de um conceito central.

Como um acontecimento ou manifestação cultural se transforma em tendência?

Essa é uma tarefa dos criadores. Um bom criador capta detalhes que passam despercebidos à maioria e os transforma em temas para suas criações. Quando da corrida espacial, a moda astronauta invadiu as passarelas. A Revolução Cultural chinesa dos anos 1966-1976 resultou na moda Mao, com sua gola característica.

Etiqueta influi no sucesso de um lançamento?

O poder da marca é indiscutível, e o ideal é que ela seja identificada pelo design, como acontece com Chanel, Issey Miyake e Gloria Coelho. Quando se fala em Chanel, lembra-se de peças femininas, tailleurs debruados, laços, pérolas, camélias e calçados bicolores. Quando a roupa possui modelagem geométrica, cores fortes e plissados miúdos, identificamos Issey Miyake e as raízes orientais de sua formação. Nas peças assinadas por Gloria Coelho, uma mescla de austeridade e sofisticação mostram sua paixão pelas artes e história, fontes de inspiração: malhas e armaduras medievais se transformam em detalhes cobertos por grandes *paillettes*, golas vitorianas são sugeridas em dobraduras irregulares, sandálias romanas se apresentam sob o prisma de século XXI. Assim, suas peças mostram rigor no design e na tecnologia e lembram personagens das cortes europeias, numa aula de pesquisa, inspiração e criação.

De que maneira a participação de uma *top model* num desfile beneficia a marca?

A força de uma marca está associada ao seu marketing, e a presença de uma *top model* em sua passarela lhe garante projeção, pois sua imagem se associa à marca. Os comentários em torno do cachê pago à modelo, inclusive, fazem parte do marketing. Segundo Renata Cafardo, "um jeans vestido por uma das maiores modelos do mundo não poderia custar menos de R$ 300 – é esse o raciocínio".[1] Calcula-se que o simples fato de Gisele Bündchen participar de uma campanha reflete na Bolsa de Valores, ou seja, as ações da marca valorizam cerca de 15%.

O que deve ser feito para identificar uma marca pelo visual?

Quando a grife estiver relacionada ao design, é importante manter o padrão para que a imagem permaneça. A memorização do logotipo também colabora. Chanel, no início, já apostava na fixação da imagem. Sua segunda loja, em Deauville, mostrava no toldo branco o nome CHANEL escrito em preto, igual aos de hoje. Não houve mudança no nome, tipo de letra e cores. O marketing também é importante – basta observar o montante aplicado em publicidade. As grifes ainda investem na divulgação de seus perfumes, mantendo seus nomes em evidência.

Qual a importância da perfumaria para a marca?

A moda está sujeita às variações de tendências e consequentes altos e baixos no faturamento, e sua engrenagem não pode ficar à mercê das variações de mercado. Assim, a perfumaria é usada como ponto fundamental de sobrevivência da

---

[1] "A força que Gisele traz a uma marca", *O Estado de S. Paulo*, caderno "Metrópole", São Paulo, 22-6-2008, p. C8.

marca. "Chanel" foi o primeiro nome usado como grife de perfumes. Mademoiselle Chanel, em 1925, com visão ampla dos negócios, viu na perfumaria um valioso aliado à sua marca e, assim, lançou seu Chanel nº 5 – o mais vendido no mundo até hoje. Outros seguiram seu exemplo e, atualmente, grandes nomes da moda são sustentados pela perfumaria, como Dior, Yves Saint Laurent, Carolina Herrera, Kenzo, Calvin Klein e Issey Miyake.

Existe diferença entre grife e marca?

Grife é o nome comercial da marca ou linha de produtos, usada junto ao nome de alguém famoso: grife Armani, grife Chanel, grife Versace, etc. Uma grife é sempre associada a sofisticação e luxo. Além das grifes, existem as marcas, com nomes variados (inclusive de pessoas conhecidas), mas não associados ao luxo.

Grifes são exclusividades da classe A?

Subentende-se que artigos de grife são voltados ao comércio de luxo, então pode-se afirmar que são dirigidos à classe A – ao passo que as marcas identificam produtos acessíveis aos demais. O importante para ambos é que haja confiança no produto adquirido. Produtos de marca desconhecida geram dúvida quanto à qualidade. É comum, no ato da compra, as pessoas dizerem: "Não vou levar porque não conheço essa marca". Se marca – ou melhor, a grife – não fizesse diferença, não existiriam falsificações.

Algumas peças são verdadeiros ícones da moda: como chegam a esse patamar?

Uma peça passa a ser vista como ícone da moda quando, depois de passar por algumas das etapas que compõem o ciclo de vida da moda, não cai em declínio nem no esquecimento, pois não permite substituição. Como exemplo, podemos lembrar peças de Chanel: escarpim bicolor, bolsa pequena com costuras formando losangos e alças de corrente metálica, tailleur debruado, com bolsos chapados e botões. Outros ícones são o *trench-coat* da Burberry, a bolsa Kelly, de Hermès, o anel Trinity de Cartier e a caneta Montblanc.

O jornalismo de moda influencia na aceitação de uma tendência?

Sim. A imprensa especializada age como mediadora entre as tendências apresentadas em passarelas e as que se tornam moda. Após os lançamentos, o jornalista especializado seleciona o material, para divulgação direcionada. Orientações e comentários de um bom profissional são respeitados e aceitos.

O comércio interfere na aceitação de uma tendência pelo público? Ele pode direcionar a escolha dos clientes?

Orientadores e compradores de grandes lojas são responsáveis pela indução e aceitação de tendências. Existe uma intuição, um pressentimento baseado em experiência, na escolha feita pelos profissionais competentes responsáveis pela comercialização das novidades. Por isso é importantíssimo o cargo de comprador de grandes firmas e multimarcas, como Bloomingdale's, Sacks Fifth Avenue, Printemps, Galeries Lafayette e Bergdorf Goodman. As vitrines dessas grandes lojas mostram as últimas novidades sempre objetivando vendas.

Podemos confiar na opinião de vendedores?

Vendedores preenchem a última etapa na ligação entre passarela e público. Deles dependem a venda e a satisfação dos clientes, mas suas opiniões só devem surgir mediante consulta. Confiar ou não na opinião depende do nível da loja. Normalmente, no comércio direcionado à classe A, os vendedores são bem selecionados e treinados para fornecer informações relativas às mercadorias e orientar na escolha. No lado oposto, existem os que desejam vender a qualquer custo, considerando lindas todas as peças por que o consumidor demonstra interesse. Cliente satisfeito volta em outras ocasiões; cliente cuja peça adquirida ficou no guarda-roupa não volta nunca mais. Vender é uma arte.

Existe uma maneira de acabar com essa atitude errada de vendedores?

Acredito que deveria haver uma campanha para informar à diretoria de lojas de vestuário sobre a importância da orientação adequada aos vendedores, no que se refere ao tratamento dado aos clientes. Cursos sobre a arte de vender deveriam ser obrigatórios, e a cada mudança de estação, quando a mercadoria é renovada, os vendedores deveriam ser informados sobre tendências, lançamentos, mudança de silhueta, cores, combinações, incluindo indicação de acessórios corretos.

Os desfiles muitas vezes mostram coisas que ninguém usará. Por quê?

Em todo desfile existem imagens criadas simplesmente para causar impacto, provocar comentários e fazer que a grife ou marca ganhe espaço na mídia. Mas isso não é tudo. Ao lado de imagens chamativas são apresentadas novas ideias, responsáveis pelas mudanças periódicas de estilo, que alimentam a engrenagem da moda. O que seria da moda se não houvesse renovação?

Histórias da moda

O mundo da moda é fascinante, e conhecer seus alicerces é um prazer. A trajetória da moda ao longo dos séculos é uma fonte inesgotável de histórias, criações, curiosidades, mudanças, adaptações, investimentos, sucessos e fracassos. Vale a pena conhecer o caminho percorrido por algumas peças que hoje compõem nosso guarda-roupa.

Abotoadura

Esse pequenino objeto decorativo mantém juntas as duas partes do punho de uma camisa, quando duas casas aparecem no lugar da tradicional dupla casa e botão. O fato de a abotoadura ser vista como um acessório masculino não impede que as mulheres também a adotem. Consegue-se um efeito charmoso numa abotoadura com pérolas ou pedras coloridas em blusa de musselina, crepe ou cetim.

As abotoaduras surgiram no início do século XVII, mas seu uso foi consolidado somente no século XIX. A moda masculina, pobre em originalidade, via nas abotoaduras um meio de distinção. Por meio das abotoaduras, o homem podia (e ainda pode) declarar sua personalidade, da mesma forma que uma joia feminina tem o poder de revelar o gosto e o estilo da mulher.

Nas décadas de 1960 e 1970 as abotoaduras deram lugar ao abotoamento simples, feito com botões. Na metade dos anos 1990, porém, elas reapareceram como um *must* nos meios aristocráticos ou entre altos executivos.

Acessórios Chanel

Os acessórios podem ser simples complementos de uma roupa ou superá-las em importância. Nesses casos, recebem nomes específicos, como ocorre com Chanel: bolsa Chanel, sapato Chanel, colar Chanel.

O sucesso dos tailleurs e dos charmosos "pretinhos" fez Chanel criar acessórios que os complementassem de maneira harmoniosa. Chanel copiou suas joias verdadeiras, que usava misturadas às falsas, e as colocou à venda em sua loja na rue Cambon, em Paris: longos colares (conhecidos como *sautoirs*) misturavam correntes douradas com pérolas e pedras falsas de diversos tamanhos; brincos, entre eles o modelo com uma pérola central achatada, contornada por corrente dourada, que acabou se tornando clássico; largos braceletes; cintos com montagem, que lembravam os *sautoirs*; laços de gorgorão e suas famosas camélias brancas. Tudo muito feminino, muito Chanel...

Suas bolsas chamam a atenção não pelo tamanho, mas por serem graciosas e delicadas. Pequeninas e de matelassê, possuem costuras formando losangos e alças longas de elos dourados, para serem usadas a tiracolo.

Chanel achava que seus pés eram grandes, por isso pensou num sapato com ponta escura, parecendo menores. Assim surgiu o escarpim Chanel. Bege, com ponta e salto pretos, podem ser de pelica, verniz, cetim, gorgorão e até veludo. Existem ainda combinações de branco e preto, bege e marinho, bege e vinho e cinza e preto.

Alpercata

A alpercata é um calçado de lona com sola trançada, de juta ou cânhamo, usado na Espanha, França e América Latina. Confortável e leve, ele absorve a transpiração dos pés, adequado ao clima tropical. Seu uso é propício ao verão, férias e atividades ao ar livre. Confortável, o calçado se adapta ao formato do pé sem apertar.

As alpercatas surgiram, acredita-se, nos Pireneus – documentos catalães, datados de 1322, constituem a mais antiga prova de sua existência. Durante a colonização da América, as alpercatas foram trazidas por missionários, que, assim, cumpriam longas jornadas comodamente calçados. Ao longo da primeira metade do século XIX, o calçado foi introduzido por imigrantes espanhóis e franceses nas zonas rurais do rio da Prata, onde foi adotado por trabalhadores.

Além de Uruguai e Argentina, outros países da América do Sul – Chile, Paraguai, Colômbia, Venezuela e Brasil – também aderiram às alpercatas. Hoje elas complementam trajes típicos, não apenas de regiões espanholas, como de países latino-americanos, especialmente a Colômbia.

Na moda, a alpercata ganhou *status* quando apareceu nos pés de Chanel, na cor branca, complementando calça esporte e camisa listrada – visual inspirado na tripulação do iate *Flying Cloud*, propriedade do duque de Westminster. Na virada do milênio, o calçado surgiu nas passarelas de Giorgio Armani, compondo um *look* descontraído.

Atualmente a modelagem da alpercata feminina ganhou variações que incluem até salto anabela, e sua sola é frequentemente coberta por uma fina camada de borracha que a protege da umidade e desgaste.

Anágua

A anágua surgiu no guarda-roupa feminino durante a Idade Média, quando a camisa íntima – espécie de camisola usada sob o vestido – foi substituída por duas peças: uma espécie de colete acolchoado e uma saia de baixo que, amarrada em volta da cintura por faixas ou fitas, seria a precursora da anágua.

No final do século XVIII o uso da anágua foi abandonado pela exigência das linhas delgadas do estilo Diretório, quando os estilistas franceses relembraram os antigos trajes gregos e romanos. Seu retorno se deu por volta de 1840, quando ficavam visíveis sob as saias. Nesse período, as anáguas eram geralmente feitas de linho, algodão ou musselina. A flanela (na cor vermelha, em especial) foi usada na década de 1860, como sinal de apoio aos "camisas-vermelhas" do revolucionário italiano Giuseppe Garibaldi.

No século XX as anáguas, quando usadas, não eram vistas, exceção feita à década de 1970, quando Ralph Lauren lançou seu estilo camponês, em que anáguas de algodão apareciam sob saias de brim.

Anoraque

Anoraque provém da palavra esquimó "anoré", que significa vento. Confeccionado com pele de foca, com capuz contornado por pele de raposa e comprimento cobrindo os quadris, o modelo era usado por esquimós e exploradores do Ártico. Após os anos 1950, feito em náilon e acolchoado com fibras sintéticas, foi usado em atividades esportivas e informais. Atualmente, anoraque é um blusão de corte reto para o inverno ou prática de esportes, em tecido impermeável, forrado ou acolchoado, com capuz e frente fechada por botões ou zíper. É indicado para excursões em montanhas, mas possui uma versão cidade, usado como proteção contra chuva e frio.

Anquinha

Enchimento usado nas décadas de 1860 e 1870 para dar volume na parte de trás da saia, logo abaixo da cintura. Feito de cortiça, penas ou outro estofo, era usado por baixo da saia, preso à cintura. A anquinha sustentava o tecido da saia, que podia ser pregueado, drapeado ou simplesmente franzido. Algumas vezes, no lugar do enchimento era usada uma armação de aço, barbatana de baleia ou madeira.

Avental

Como peça de moda, feito de seda e enfeitado com rendas, o avental foi usado no fim do século XIX. Depois, só voltaram nos anos 1950, não mais de seda, mas de algodão estampado, na maioria das vezes com motivo Liberty (floral miúdo).

Babouche

A palavra *babouche* vem do árabe, *bâboûch*, sem transformações desde sua utilização na língua francesa desde o século XVI. Trata-se de um chinelo oriental, de couro ou tecido, com gáspea alta e fechada, sem salto e contraforte, deixando o calcanhar descoberto. O calçado é também conhecido como chinelo marroquino e é popular na Turquia.

Bâboûch significa caracol em árabe, daí a analogia: ao calçarmos o chinelo, colocamos o pé dentro da concha do caracol.

Baby-doll

A camisola bem curta, muitas vezes acompanhada de calcinha, tornou-se popular após a exibição do filme *Baby doll*, em 1956. Até hoje aparece em coleções de lingerie, confeccionada em diversos tecidos, principalmente cambraia de algodão. O modelo básico é amplo, sem mangas, com decote redondo, enfeitado com babadinhos, rendas e laços.

Bandana

A palavra se origina do híndi *bandhana*, que, por sua vez, tem sua raiz em *bandhnu* ("tie-dye"), primitivo método artesanal de tintura em tecido, antigo como a Índia. As bandanas – lenços lisos ou estampados, com figuras indígenas ou motivos caxemira – foram usadas por pioneiros do Velho Oeste e redescobertas nas décadas de 1970 e 1980, como acessório jovem. Em princípio, dobrava-se a bandana várias vezes na diagonal, transformando-a numa tira enviesada amarrada em volta da cabeça, cobrindo a testa. Também são usadas ao redor do pescoço, por dentro da camisa de cowboys, cozinheiros e outros trabalhadores, para reter o suor e isolar a poeira dos colarinhos.

Basque

Espécie de pala lisa e franzida, godê ou pregueada, costurada na linha da cintura de vestidos ou casaquinhos. Surgiu na metade do século XIX, compondo trajes diurnos e vestidos de noite. Nos anos 1940, foi relembrada, como detalhe de tailleurs. Em sua versão lisa, foi usada por Christian Dior no tailleur símbolo do New Look de 1947.

Bata

A história da bata se inicia na Idade Média, quando era conhecida como camisa íntima e usada sob a roupa. Feita de algodão ou linho, possuía pala e comprimento atingindo o meio da canela. Durante os séculos XVIII e XIX, foi usada como camisola, ainda com a pala, e ganhou mangas compridas e a grande gola Claudine.

Bermuda

Essas calças curtas nasceram de uma adaptação necessária aos soldados e policiais que enfrentavam o clima escaldante das colônias inglesas na Índia. Nos anos 1930 o governo das Bermudas adotou esse modelo de calça para seus funcionários da polícia. Não tardou para que os americanos vissem a peça como a roupa ideal para férias. Assim nasceu a bermuda.

Os modelos clássicos – com bolsos, zíper e passantes para o cinto – lembram calças com pernas curtas e possuem cores básicas, como bege, cáqui e azul jeans. As bermudas de cores e estampas tropicais – como os grandes florais que lembram o Taiti – agradam a juventude e, especialmente, os surfistas.

Bijuteria

A bijutetria nasceu no século XVIII, quando imitações de joias, com pedras falsas bem escolhidas, eram usadas pelas classes alta e média emergente como medida de segurança, principalmente em viagens. Atravessou o século XIX como réplica de peças valiosas e só no século XX (mais precisamente, nos anos 1920) se impôs por mérito próprio. Chanel teve papel importante nessa valorização.

Muitas das bijuterias Chanel foram criadas pelo duque Fulco di Verdura. Entre suas contribuições, a mais famosa foi o largo bracelete esmaltado com uma cruz-de-malta em pedras coloridas. Verdura trabalhou para Chanel até se mudar para Nova York, em 1934.

Nos anos 1960, Paco Rabanne se lançou no mundo da moda e criou bijuterias para diversas *maisons*, como Givenchy, Dior e Balenciaga. De lá para cá, não houve alterações. No século XXI as bijuterias continuam como opções às joias, mas já aparecem como item importante no cenário da moda, se impondo com personalidade.

Biquíni

No dia 26 de junho de 1946, no atol de Bikini, no Pacífico, aconteceu a primeira explosão atômica experimental norte-americana. No mesmo dia, nasceu o biquíni, um maiô de duas peças com calcinha reduzida.

Jacques Heim criara, quatro meses antes, um discreto maiô de duas peças que não chegou a causar impacto. Foi o designer Louis Réard quem teve a ideia de um modelo duas peças similar à lingerie feminina, com amarrações laterais na calcinha.

Nenhuma mulher tinha coragem de usar o novo modelo em público, então Réard convidou a stripper Micheline Bernardini, habituada a trabalhar nua em Paris, para apresentar a novidade. Foi um furor. Dezoito dias depois, Réard registrou o diminuto modelo sob o nome "biquíni".

No Brasil, o biquíni apareceu no final dos anos 1950, usado por vedetes, provocando tumulto em Copacabana. Não tardou para que a mulher brasileira descobrisse no modelo sua sensualidade, transformando-o no mais brasileiro dos trajes.

Graças à criatividade brasileira, foram inúmeros os modelos desenvolvidos com base nas duas pequenas peças: enroladinho, asa-delta, com sutiã cortininha e com lacinhos laterais. Mas a mulher queria mais ousadia e menos tecido: surgiu o fio dental.

Blazer

Como peça tradicional, o blazer é um casaco azul-marinho com barra pouco abaixo do quadril, frente transpassada, bolsos chapados e botões dourados. Em 1837, o capitão Blazer, do navio britânico HMS, adotou essa vestimenta para seus homens. Por ordem da rainha Vitória, o blazer foi aprovado como uniforme. Os anos se passaram e o modelo foi reeditado inúmeras vezes, adaptado a diferentes climas e usos. Veludo, lã, linho, algodão ou seda (crepe, cetim, gorgorão), o blazer aparece com pompa nas passarelas de grandes estilistas, coberto por paetês e pronto para brilhar em noites de gala.

Jean Béraud, *O chalé do ciclo no Bosque de Bolonha*, s/d.

Bloomers

O uso de *bloomers*, ou "calças turcas", começou nos anos 1850. O nome faz alusão a Dexter Bloomer, proprietário e editor do jornal *The Seneca Country Courrier*, de Nova York. Bloomer achava as saias longas e volumosas usadas pelas europeias e americanas desconfortáveis. Para ele, as saias curtas sobre calças até os tornozelos usadas por mulheres turcas eram mais práticas. A esposa de Bloomer, Amélia Jenks Bloomer, concordou com a ideia e divulgou-a em seu jornal, *The Lily*. Assim, as mulheres adotaram a sugestão, inicialmente para a prática esportiva. O novo traje mostrava saia rodada até o os joelhos sobre bloomers com modelagem ampla, ajustada com babado no tornozelo. Inicialmente, o novo traje não foi aceito e se tornou motivo de deboche. Somente nas décadas de 1880 e 1890, com a popularização do ciclismo, os bloomers se tornaram moda.

Blusão Perfecto

Quem idealizou o blusão foi John Perfecto, descendente de italianos e morador de Oakland, Estados Unidos. John aliou o rigor dos uniformes da aeronáutica à sedução rústica dos homens maus e criou o blusão negro, o Perfecto.

A roupa agradou a Harley-Davidson, que, antevendo seu sucesso, adotou-o como item forte da marca. O blusão também se tornou emblema dos Hell's Angels, mas se consagrou em definitivo após vestir James Dean em *Juventude transviada*, quando virou marca dos jovens rebeldes. Acinturado, cheio de zíperes e botões de pressão, é associado também à imagem de Elvis Presley.

Sua entrada na música "domesticou" sua imagem, e criadores de moda passaram a lhe dar interpretações variadas. O couro resistente cedeu lugar às peles macias, e o negro da revolta transformou-se num arco-íris de cores a seduzir as mulheres. Agora, o Perfecto é apresentado de diferentes formas, mas os originais Harley-Davidson são a opção daqueles que buscam autenticidade.

Boá

Estola estreita e comprida, geralmente feita de plumas, usada no final do século XIX e início do século XX. Retornou nos anos 1920, compondo a silhueta da época ao lado de *sautoirs* e longas piteiras. Nos anos 1930 e 1960, o boá foi relembrado, embora com intensidade menor.

Boina

A boina, sem costuras e pala, leve e cômoda, surgiu há mais de 2 mil anos. A boina de lã de carneiro – primeira matéria-prima utilizada pelo homem para proteção – agasalhou inicialmente pastores medievais do País Basco. Não tardou para que outros habitantes da região, incluindo o clero, vestissem a prática e confortável proteção.

O uso da boina foi propagado pelas Guerras Carlistas na Espanha (1834-1840), cuja Infantaria usava boina vermelha. Sua história está fortemente ligada aos costumes militares de vários países, onde cores diferentes identificavam a origem dos combatentes. No início da Segunda Guerra, os belgas usavam boinas verdes, os alemães, pretas, e os franceses, azul-escuro. A partir de 29 de julho de 1942, os paraquedistas britânicos foram autorizados a usar boina marrom e, em outubro do mesmo ano, os comandos britânicos adotaram a boina verde. Terminada a guerra, o verde foi adotado pelos fuzileiros navais. Em Portugal, até hoje os "boinas verdes" são motivo de orgulho.

Na França, a partir do Segundo Império (1852), a moda da boina se estendeu aos civis, caracterizando franceses de todas as regiões. Sua industrialização se iniciou no século XIX, prosperando até meados do século XX. Atualmente as verdadeiras boinas bascas são fabricadas em Oloron-Sainte-Marie, pequena cidade próxima de Pau, no Sudoeste da França. A boina, ao lado da baguete, do vinho, do Camembert e da torre Eiffel, pode ser considerada um símbolo nacional da França.

Bolero

Tipo de casaquinho sem mangas, com abertura central na frente, chegando quase à cintura. De origem espanhola, é ricamente bordado e compõe o traje dos toureiros. Foi usado no início do século XX sobre blusas de mangas compridas e gola alta, enfeitada com babadinhos e rendas. Nos anos 1960 e 1970 voltaram ao uso, tanto para o dia quanto para a noite, com variação de tecidos: algodão, brim, couro, veludo e brocado.

Bolsa Kelly

Criada por Hermès, a bolsa Kelly foi desenvolvida na década de 1930, a partir de um alforje destinado a carregar equipamentos de equitação. Seu lançamento deu-se em 1935, e as vendidas nas lojas Hermes – cuja matriz se encontra na rue du Faubourg St. Honoré, em Paris – hoje permanecem idênticas. Trata-se de um exemplo de modelagem clássica, com base maior que a parte superior, divisões internas, tampa presa por tira dupla que se une na fechadura, uma alça curta e outra longa. O nome Kelly, dado em 1955, rende homenagem à atriz Grace Kelly, que a usava com frequência. Além do tamanho original, que acompanha a mulher chique em todas as horas do dia, existe o formato pequeno, para complementar trajes sociais, a versão esportiva, para trabalho e compras, e até o tamanho de mala de viagem, que oferece a segurança das tiras fechadas por cadeado.

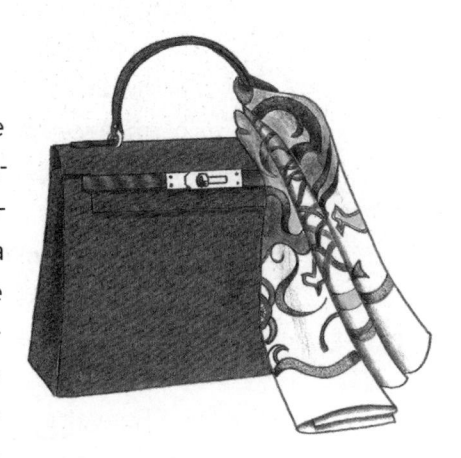

Bolsa pessoal

O nome "bolsa" se originou da palavra grega *byrsa*, "couro". A bolsa grega foi adotada pelos romanos, que a chamaram *bursa*. Os franceses transformaram *bursa* em *bourse*, nome da moeda corrente do país e, que, mais tarde, passou a designar o mercado de valores de Paris (*la Bourse*).

Na Antiguidade, um saco de couro – o alforje – carregava alimentos e dinheiro, preso à cintura, pendurado nos ombros ou em selas de animais. Por volta de 700 a.C., uma pequena bolsa de couro ou tecido, com abertura fechada por cordões, era utilizada para transportar dinheiro e pequenos pertences. Escondida sob a roupa, os cordões que franziam sua abertura eram amarrados em volta da cintura ou presos ao cinto. Esse modelo permaneceu por séculos.

No final da Idade Média, as bolsas variavam de tamanho e eram usadas por homens e mulheres. Feitas de couro, peles e tecidos, recebiam enfeites como pingentes, pedrarias e bordados com fios de ouro ou prata. As maiores eram do tipo saco, com abertura franzida por longos cordões. As pochetes, pequeninas e achatadas, eram presas junto à cintura.

Por volta de 1500, os homens transportavam seus valores em pequenas bolsas dentro das calças, com cordões presos à cintura. Não tardou para que esse hábito originasse o bolso. Com a mudança do vestuário feminino no início do século XIX, foram criadas pequenas bolsas para transporte de pequenos objetos, como lenços de mão e leques. Eram confeccionadas com o mesmo tecido do vestido, com alças de cordões ou correntes. Na Inglaterra foram prontamente aceitas e vistas como indispensáveis. Na França, entretanto, foram consideradas *ridicules*. A partir de 1912, o nome para designar tal bolsa, tanto na França como na Inglaterra, se firmou como "reticule".

Ainda no começo do século XIX, as bolsas em tapeçaria eram feitas com sobras de tecido bordado, com temas variados. Suas armações podiam ser de aço, prata e até ouro, muitas vezes adornadas com pedrarias. Correntes do mesmo metal formavam as alças, simples ou duplas, curtas ou longas.

Na primeira metade do século XIX surgiram as primeiras bolsas para viagem. De couro, tinham modelagem inspirada nas grandes malas de viagem, inclusive com fechadura e chave. No final do século, as delicadas *chatelaines*, inspiradas na época medieval, foram assimiladas pela moda graças à influência da princesa Alexandra, filha do rei da Dinamarca (que se casaria com Eduardo VII, da Grã-Bretanha). As *chatelaines* eram pequenas e suas alças de correntes ficavam presas à cintura, deixando as mãos livres para carregar as volumosas saias mantidas por crinolinas.

No início do século XX, com a participação ativa das mulheres na vida familiar, surgiram as "bolsas para compras". Em viagens de automóvel ou de trem, as bolsas de viagem, de couro – variação das bolsas para compras – acompanhavam as viajantes, enquanto carregadores se ocupavam das malas.

Durante toda a *belle époque* (1890-1914), as bolsas foram vistas como acessórios indispensáveis. Para o dia, eram pequenas, de tecido bordado ou malha metálica, com alças de cordões ou correntes. À noite, o bordado era requintado ou eram feitas a partir de peças antigas do vestuário, como partes de coletes ou casacos. Nos anos 1920 a mulher, livre dos espartilhos, mostrava as pernas e usava maquiagem. Sua pequena bolsa, feita com pele de crocodilos, cobras ou lagartos, acomodava o necessário para retoques. Para acompanhar os trajes de noite, próprios para dançar, as bolsas mostravam franjas e bordados feitos com miçangas e pedrarias.

Movimentos artísticos influenciaram a modelagem das bolsas no início do século XX. O art nouveau, com linhas curvas e fluídas, caracterizava-se pelo estilo floral, caules alongados e flores estilizadas. Embora moderno, buscava inspiração no passado e no exotismo da arte japonesa. Da mesma forma, os motivos geométricos e o cubismo do art déco influenciaram os designers de então. Em oposição às linhas sinuosas do art nouveau, essa nova manifestação aparecia no corpo das bolsas por meio de formas e cores.

A partir dos anos 1930 a moda foi influenciada pelo cinema e suas divas, como Greta Garbo e Marlene Dietrich. Em 1935, as bolsas vinham com mais espaço interno, espelho e divisões para batom, pente e dinheiro.

A década de 1940 foi marcada pela escassez de materiais. Bolsas de couro eram tão raras que, em 1941, um decreto francês proibiu a fabricação de grandes bolsas com esse material. O artesanato se desenvolveu lançando mão de todo tipo de material – tecidos, em especial –, e as bolsas apareceram em diversos modelos e tamanhos.

Na metade do século XX voltaram as carteiras, estreitas e alongadas, ou então largas, do tipo envelope. Eram os anos 1950, com saias *ballonné*, moda saco, trapézio, escarpins e cabelos armados por laquê. Nos anos 1960, a juventude mostrou aparência despojada, em contraste à moda adotada pela sociedade de consumo. O movimento hippie rememorou técnicas artesanais, *patchwork*, tricô, crochê, macramê e trabalhos em couro. Bolsas grandes, para serem carregadas nos ombros, eram feitas de tecido, fios de lã, barbante ou couro, desenhadas a ferro quente ou pintadas, geralmente com motivos florais. Em algumas, estruturas e fechos eram feitos de bambu ou acrílico.

A década de 1970 marcou uma releitura na moda: o romantismo dos anos 1930, o estilo Liberty com flores miúdas, bolsas envelope e bolsas tipo sacola, para serem usadas a tiracolo, acompanhando as mulheres ao trabalho. Para a noite ou eventos sociais, a moda recomendava bolsas pequenas, com longos cordões ou alça fina, usadas na transversal do corpo.

O uso da mochila de couro foi preponderante nos anos 1980. Mulheres que trabalhavam fora, estudantes e jovens encontravam praticidade na grande bolsa carregada nas costas. A pasta executiva também se tornou item necessário. A mulher no mercado de trabalho, a consequente valorização da aparência, a prática de esportes e o culto ao corpo nas academias motivaram o uso de mochilas de náilon unissex. Em contraste de tamanho, pequenas bolsas carregadas no cinto, as pochetes, eram usadas quando não havia necessidade de muito espaço. Práticas, foram adotadas pelos homens.

No final do século XX as mulheres passaram a escolher suas bolsas de acordo com necessidade e praticidade. No dia a dia, predominaram as grandes sacolas nos ombros. Em ocasiões formais, modelos pequenos, clássicos. Para a noite, pequenas bolsas com alça longa.

Hoje modelos e tamanhos de bolsa variam de acordo com a necessidade e estilo: grandes, médias ou pequenas, esportivas, clássicas ou *habillées*. Algumas se destacam como ícones da moda: é o caso da Chanel "2.55" e a "Kelly", de Hermès.

A pequenina "2.55" matelassê, com longas alças de elos dourados, para ser carregada nos ombros, foi criada por Gabrielle Chanel em fevereiro de 1955 (daí o nome). Em 1930, Chanel concebeu as longas alças para os ombros, deixando as mãos livres.

Bolso

A comodidade do bolso só foi descoberta no século XVI. Antes, pertences pessoais eram guardados em pequenas bolsas amarradas em alguma parte da roupa, geralmente junto à cintura. Para os homens, a frente da calça era o lugar ideal para transportar a pequena bolsa. A moda da época ditava que a bragueta, então removível, fosse forrada de um tecido mais grosso, tornando-a o lugar ideal para transportar uma bolsa com pertences valiosos. O tamanho exagerado de algumas bolsas causava algumas situações ridículas e, por esse motivo, bolsas bem menores passaram a ser transportadas dentro da calça, cordão saindo da cintura. Em pouco tempo, a bolsa transformou-se numa espécie de forro, protótipo do bolso.

No final do século XVI, as calças mostravam aberturas por onde as bolsas eram introduzidas. Não tardou para que fossem costuradas durante a confecção da calça, e a "bolsa" virou "bolso". No século seguinte, constatada sua utilidade, fazia parte de calças, saias, capas e agasalhos.

Bombacha

Calção largo, ajustado logo abaixo dos joelhos. A versão *fashion* de Yves Saint Laurent, nos anos 1960, possuía boca larga, abaixo dos joelhos, acompanhada de camisas e botas. No Brasil, faz parte do vestuário regional gaúcho, em que aparece larga em toda extensão da perna, ajustada no tornozelo por tira com botão.

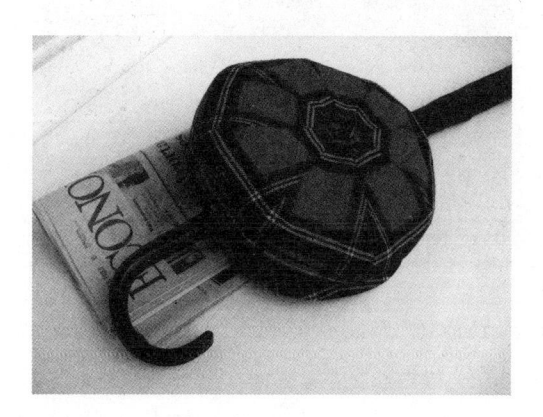

Boné

Usado desde o início do século XX, o boné é uma cobertura para a cabeça, com pequena aba sobre a testa. Nas décadas de 1960 e 1970, fez parte do traje jovem feminino, com corpo amplo formado por gomos.

HISTÓRIAS DA MODA

Boné Sherlock Holmes

O boné, feito de tweed, com abas na frente e atrás e protetores para as orelhas, compunha a figura do personagem criado pelo médico e escritor britânico Sir Arthur Conan Doyle (1859-1930).

Hoje, o boné Sherlock Holmes pode ser encontrado em sua versão infanto-juvenil, com direito ao lacinho de gorgorão no alto.

Bordado inglês

Conhecido no Brasil por bordado inglês, esse enfeite de tecido de algodão branco e bordado na mesma cor têm diversas larguras: de 2 cm a 40 cm. Os motivos são diversos, com orifícios redondos ou ovais e borda recortada num dos lados, mantida pelo bordado. Na Europa, é conhecido desde o século XVI, tornando-se popular de 1840 a 1880, quando foi usado em roupas de dormir e roupas íntimas, especialmente infantis. Nos anos 1870, os modelos foram copiados por máquinas suíças, e o enfeite passou a ser conhecido também por "bordado suíço". Durante o século XX até hoje, o bordado inglês é usado em roupas de cama, roupas para dormir e moda infantil.

O detalhe do bordado inglês fez a diferença no modelo da Max Mara para primavera-verão 2002.

Bota

No ano 1100 a.C., quando era comum soldados combaterem descalços, os assírios calçavam seus soldados com botas de couro com cano até a barriga da perna, atadas com cordões e reforço metálico na sola. A bota assíria, embora funcional, demorou a ser adotada por outros povos. Gregos e romanos, depois de lutarem descalços por muito tempo, usaram sandálias com cravos nos solados, reservando as botas para percorrer longas distâncias a pé. No frio, eram forradas com pele de animal.

Povos nômades também encontraram nas botas o calçado ideal para percorrer regiões montanhosas e frias. No cavalo, o salto mantinha o pé no estribo, dando maior segurança.

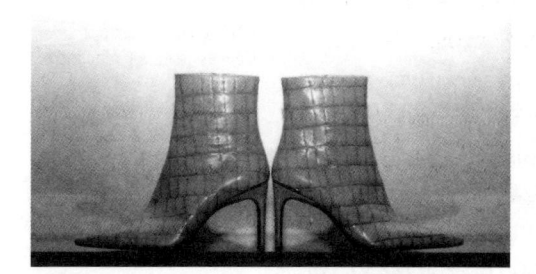

Bota feminina

No século XIX as botas femininas eram usadas durante o dia, fizesse frio ou calor. O material variava: podiam ser totalmente de couro ou couro combinado a um tecido resistente, sempre com saltos baixos e amarradas ou abotoadas até as canelas.

No início do século XX seu uso não esteve ligado à moda, mas à necessidade. Foram usadas durante a Primeira Guerra e quando o mau tempo exigia.

Como acessório de moda, as botas surgiram na década de 1960, com variações na modelagem. No comprimento, iam do tornozelo ao alto da coxa. Como material, havia plástico, vinil e couro. Nos anos 1970 o uso continuou e a opção de modelos aumentou: curtas, com bordas viradas no tornozelo, eram usadas com meias grossas ou como acompanhamento dos jeans, e as caubóis eram preferência. Hoje são complemento importante para dias frios, havendo das botas de montaria – com cano alto e salto baixo – até modelos com cano curto, bico fino e salto agulha.

Bota western

Hoje, as botas western são vistas como eternas no mundo da moda, botas que calçaram os pioneiros do Velho Oeste e cowboys do cinema norte-americano, como Tom Mix, Gary Cooper, John Wayne e Clint Eastwood.

Nos Estados Unidos, casas especializadas oferecem várias opções: nove cortes de saltos, seis formatos de pontas, quatro modelos de cano, oito tamanhos de largura e inúmeras variedades de pespontos, numa miríade de couros e cores.

A bota western foi criada para proporcionar conforto e segurança: ponta afilada, entra facilmente no estribo; cano alto, protege as pernas; salto cortado em bisel, permite maior resistência ao solo na hora de segurar o animal pelo laço.

Botão e casa

Os botões mais antigos datam de 4000 a.C., encontrados em escavações arqueológicas feitas no vale do rio Indo, na Índia. Sem a função de manter a roupa fechada, tratava-se de discos decorados, costurados nas roupas de homens e mulheres para adorná-las como joias. Com formas circulares ou triangulares, eram feitos inicialmente de conchas e possuíam dois furos, que permitiam prendê-los às roupas. A ágata e a turquesa também foram usadas para esse fim.

Túnicas e mantos de gregos e romanos eram enfeitados com botões feitos de conchas ou madeira, presos a alfinetes que, colocados como broches, mantinham a roupa no lugar. Botões trabalhados de marfim ou osso, alguns com detalhe de ouro e pedras coloridas, foram encontrados em jazigos arqueológicos na Europa. Até o século XIII, contudo, foram utilizados como joias.

O botão com a função que hoje conhecemos surgiu no século XIII, quando roupas justas tomaram o lugar das folgadas. O cinto sozinho não era capaz de manter a roupa no lugar e eram necessários muitos alfinetes, fáceis de perder e que podiam estragar o tecido.

A "descoberta" da casa foi a solução. Os vestidos, abertos de cima a baixo, mostravam carreiras de botões que demoravam a abotoar e desabotoar. Além do mais, os botões eram costurados muito próximos. Era comum duzentos botões num único vestido. Muitas vezes permaneciam desabotoados em lugares permitidos (ao longo das mangas, por exemplo). Essa profusão de botões pode ser comprovada em pinturas e esculturas dos séculos XIV e XV.

No século XVI, a ideia do botão decorativo, como havia sido antes da criação da casa, voltou, principalmente entre a realeza. Henrique VII, rei da Inglaterra, tinha orgulho de seus botões, que mostravam o mesmo desenho de seus anéis. Francisco I, rei da França, encomendou 13.400 botões de ouro a seus joalheiros, para serem pregados num só vestido. Botões de madeira, madrepérola, marfim, osso, resinas, couro, vidro, plástico e metal, pintados, esmaltados ou polidos... haja imaginação! Hoje eles enriquecem o acervo de museus.

Atualmente o botão divide sua função com o zíper e o velcro.

Bustiê

Variação do sutiã, esse corpete – que no início do século XX tinha alças e se ajustava até a cintura – hoje perdeu as alças e se estreitou, resumindo-se a uma tira que cobre os seios. O bustiê atual é geralmente feito de tecido elástico.

Cabã

Casaco com corte amplo, bainha cobrindo os quadris, com bolsos-faca, pequena gola e punhos largos e dobrados. Muito usado nos anos 1950, combinado com saia justa e conhecido por casaco três-quartos.

Caftã

De origem turca, o caftã é uma peça inteiriça, ampla, aberta na frente, com mangas largas e compridas e cintura ajustada por faixa. Nos anos 1960 e 1970, os caftãs foram usados como trajes de noite, algumas vezes com cintos bordados sobre vestidos colantes. Na versão informal, era traje para ficar em casa, algumas vezes com frente fechada por zíper, do tornozelo até em cima. Sua modelagem inspirou grandes criadores, que o mostraram em criações para a noite: Dior, Halston e Saint Laurent. Recentemente, foi reeditado por Cavalli e Tom Ford, que o preferem como base para estampas de animais.

Calça

Desde a Antiguidade as calças eram vistas como peças do vestuário masculino. *Knickers* - calção folgado, com franzido abaixo do joelho, mantido por tira com botão ou fivela - e pantalonas foram usados no início do século XIX, época em que surgiram também as calças retas, com bainha na altura do tornozelo, semelhantes às atuais. No final do século XIX, a atriz Sarah Bernhardt causava frisson ao se apresentar vestindo calças. Nesse mesmo século, outra mulher à frente do seu tempo foi George Sand, a quem Yves Saint Laurent se referiu dizendo:

"Uma mulher de calça comprida só é sedutora se a usar com toda a sua feminilidade. Não como uma George Sand".

A feminilidade lembrada por Saint Laurent foi mostrada por Chanel na década de 1920, quando mulheres usaram calças sem restrições. Chanel lançou calças largas para praia e lazer. Ela própria as usava com suéter, alpercatas, colares de pérolas e seus inseparáveis braceletes criados por Fulco di Verdura. Para a noite, a moda da época ordenava calças em tecidos mais finos. Na década de 1930, entraram em uso as calças de odalisca, com amplidão mantida por tira abotoada nos tornozelos.

A Segunda Guerra firmou o uso das calças femininas. Finda a guerra, seu uso permaneceu, com modelagem diferenciada e para ocasiões informais: bermuda, calça de ciclista e calça de toureiro. Nos anos 1950, o uso de jeans não ficou estrito aos homens e, na década de 1960, a moda unissex revolucionou o vestuário feminino, com forte inclusão da calça. Em 1967, Yves Sant Laurent lançou o smoking feminino e o estilo masculino ganhou força, coincidindo com a disputa entre gêneros no mercado de trabalho. Nos anos 1970 o uso das calças se sedimentou, com variação de modelos e comprimentos, para uso formal e informal.

Embora surjam movimentos para estimular o uso de saias em substituição às calças – obviamente, por questões comerciais –, as mulheres resistem.

Calcinha

De Eva a Catarina de Médici, mulher nenhuma usou calcinha. Até o século XVI elas achavam desnecessário. Os vestidos chegavam ao chão e tudo ficava coberto. As egípcias usavam túnicas transparentes e tinham o corpo totalmente depilado.

A calcinha surgiu depois da Idade Média e Renascença. E por necessidade! Seu aparecimento envolveu traição, ciúmes, conquistas e pudor.

No século XVI, quando as mulheres ainda não usavam nada por baixo das saias, Catarina de Médici se viu traída por Henrique II, que só tinha olhos para a bela Diane de Poitiers. Apesar de a pobre Catarina não ser nada bonita, possuía pernas opulentas para o gosto da época. Então, resolveu tirar proveito da beleza oculta.

Catarina inventou uma maneira nova de andar a cavalo: não mais sentada numa cadeirinha, com as perninhas juntas, mas sentada de lado, sobre o cavalo, com as pernas cruzadas. O vento ajudou, a saia levantou e os olhos de Henrique se esbugalharam diante do que viu.

Os ministros protestaram.

Catarina amenizou os revoltosos vestindo, por baixo das saias, um tipo diferente de calção, duas pernas presas a um cós, sem costura no meio. Somente as pernas eram cobertas, o resto permanecia de fora. Já era trabalhoso tirar as saias quando se ia ao banheiro, precisava tirar também o calção? Afinal, os homens usavam uma fenda vertical na roupa para facilitar o ato. Mesmo assim houve protestos, não pela modelagem arejada na parte superior, mas por uma mulher vestir roupa de homem. Estava inventada, não a calcinha, mas o calção.

A Igreja lançou invectivas. Bispos e cardeais insistiam que a mulher deveria ter nádegas livres. Foi em vão. No início a peça (de tela de algodão ou seda) era usada pelas cortesãs da época.

No final do século XVIII, os calções foram substituídos por *collants* dos pés à cintura. Para não insinuar que as pernas estivessem despidas, a cor era amarelada. No início do século XIX, o calção era enfeitado com rendas e bordados, escondido sob crinolinas e anáguas. Por volta de 1870, a calça feminina começou a encurtar. Na *belle époque* as pernas apareceram. (As pernas e algo mais – as bailarinas do cancã não usavam nada por baixo dos babadinhos. O fato fez a polícia proibir a dança.)

Com a revolução da moda pós-Primeira Guerra, os calções deram lugar a calças menores. Finalmente, na década de 1920 os vestidos curtos impuseram o uso da calcinha.

Depois da Segunda Guerra a calcinha ficou cada vez menor. A cintura desceu, as cavas aumentaram e ganhou transparência. Atualmente há modelos para todos os gostos e situações.

Camisa

A origem da camisa remete ao Egito antigo e à *kalasiris* – vestimenta reta, costurada dos lados, com abertura para passar a cabeça. Seu comprimento variava: longo para o mestre, curto para os escravos. A peça recebeu mangas na época do Império Romano, e ficou conhecida por túnica manicata. A manicata era usada com cinto e manteve-se como modelo básico de toda vestimenta até a Idade Média. Era usada por homens e mulheres durante o dia, como "roupa de baixo", para proteger as vestimentas da transpiração. À noite, servia de pijama. Aos poucos essa camisa primitiva passou de "roupa de baixo" para "roupa de cima", aparecendo em algumas partes do vestuário. Foi assim que as extremidades das mangas se estreitaram, dando nascimento aos punhos. A estrutura definitiva, com mangas cortadas separadamente e costuradas às cavas, veio do Oriente com as Cruzadas do século XI, difundindo o vestuário persa.

No final da Idade Média, no século XV, a camisa já era conhecida por todos. Sua importância era tamanha que, em torneios, os combatentes as vestiam sob as couraças e, no final, aquelas maculadas com sangue eram devolvidas, como mensagens de amor, às damas que as ofertaram.

No fim do século XV e início do XVI o decote se fechou no pescoço e se prolongou, moldando o que seria o colarinho. Com o tempo, a camisa passou a evidenciar *status*, valorizada pela qualidade do tecido, rendas e brancura jamais maculada pelo suor do trabalho. Nessa época inventaram-se os punhos e colarinhos postiços. Entre a nobreza, a camisa, sempre branca, tinha gola alta e era usada erguida, atingindo a altura das orelhas. Depois os formatos mudaram e, em 1853, o modo "turn-down" (virar para baixo) gerou o colarinho dobrado sobre a gravata.

Acompanhando a mudança do colarinho, os punhos, peças Independentes abotoadas às mangas, perderem rendas e babados. A camisa branca atingiu o auge no século XIX, distinguindo os "colarinhos brancos" dos "colarinhos azuis", usados por operários. Por muito tempo a camisa branca identificou hierarquia social. Por volta de 1860, o branco competia com discretos tons pastel.

Ainda no século XIX, época da esgrima, a frente da camisa ganhou reforço: afinal, proteção era uma necessidade. O século mudou, a moda se simplificou e, antes da Primeira Guerra, o punho duplo já aparecia costurado à manga da camisa. Durante a Primeira Guerra o vermelho marcante simbolizou uma legião de voluntários italianos, os Garibaldianos, ou "camisas vermelhas", sob o comando de Giuseppe, neto de Garibaldi.

No século XX, a camisa se viu ameaçada por diversas inovações da moda: camiseta, polo e *sportswear*... Na modelagem tradicional, as cores, listras e xadrezes ainda fazem a diferença. Uma camisa com listras finas, por exemplo, pode aparecer de modo informal, com mangas arregaçadas e jeans, ou combinada a uma roupa de grife, realçando uma bela gravata de seda.

No final do século XX a camisa constava do guarda-roupa feminino. Com raízes na linha masculina – simples e com modelagem plana –, ela é associada a profissionalismo, personalidade marcante e segurança, atributos necessários para o jogo do poder.

Camiseta

A t-shirt – "camiseta" em São Paulo e "camisa de malha" no Rio de Janeiro – é uma roupa universal. Neutra, básica e usada por homens e mulheres de todas as idades e classes, está imune à ação do tempo.

Há quem diga que sua fabricação começou em 1943, para vestir os marinheiros norte-americanos. Mas essa data corresponde ao início da sua fabricação em massa. A t-shirt já tinha história. Ela aparece numa escultura de Michelangelo, *O escravo moribundo*, e em obras impressionistas como *O barco*, de Manet (1874), e *O almoço dos remadores*, de Renoir (1881). Veste ainda personagens famosas de história em quadrinhos, como *Pafúncio* (1913), *Popeye* (1929), *Pinduca* (década de 1940) e *Yellow Kid* (1896), de Richard Felton Outcault, cuja fala aparecia escrita no peito (a precursora das mensagens transmitidas em camisetas).

Finda a guerra, a camiseta fez parte da vida civil. Seu preço diminuiu e a associação aos vencedores do conflito contribuiu para o sucesso. Sua explosão na moda se deu em 1957, graças ao cinema. Não tardou para que nomes, ideias e mensagens aparecessem na frente e costas da camiseta. Uma das primeiras continha o nome do jornal *Herald Tribune* sensualmente exibida por Jean Seberg. Daí, técnicas de impressão diversificaram os dizeres, que exprimiam humor, violência, amor, cultura, sensibilidade, ideias políticas, etc. A camiseta passou a ser um veículo para divulgação de mensagens.

Nos Estados Unidos, uma camiseta custava 50 centavos de dólar em 1944. Hoje chega a 150 dólares em lojas de grifes famosas.

Camisola

No Brasil camisola é a peça do vestuário usada por mulheres para dormir. Em Portugal, países de língua portuguesa na África, Goa e Timor Leste "camisola" é sinônimo de t-shirt, sendo a peça do vestuário usada, por ambos os sexos, para aquecer. Sob o nome "camisa de noite", era usada, no século XV, por homens e mulheres acamados, para receber as visitas recostados ao leito. O modelo era idêntico à camisa usada de dia. No século XVIII ela se alongou para as mulheres e permaneceu sem alterações para os homens, até o surgimento do pijama, no início do século XX.

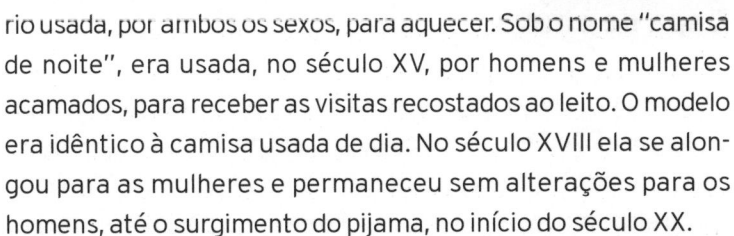

A valorização da camisola, já vista como lingerie, deu-se em consequência da abundância de roupas de baixo usadas pelas mulheres, o que despertava maior interesse por seu corpo. Bordados, rendas e babados foram acrescentados com o intuito de erotizar não só as camisolas, mas também outras peças usadas sob os vestidos.

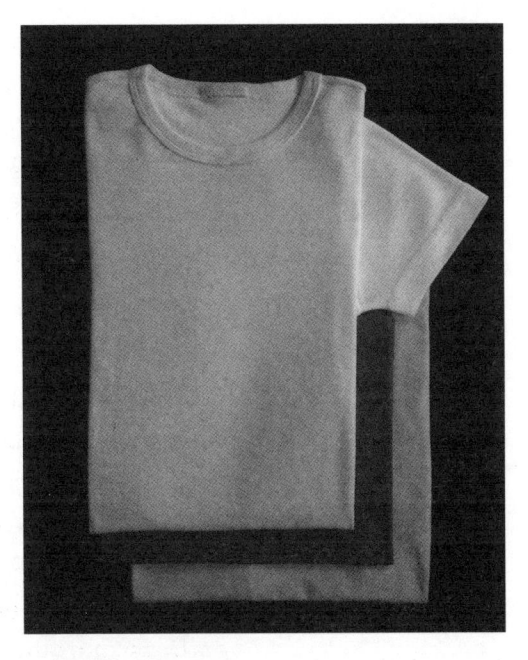

Na década de 1920 camisola e pijama eram usados igualmente. Nos anos 1930 os modelos lembravam vestidos de noite: de cetim bordado, com aplicação de rendas, tinham costas nuas e saia longa cortada em viés. Na década de 1940, com o surgimento do náilon - que, além de não amassar, oferecia a sensualidade da transparência –, a criatividade deslanchou. No final dos anos 1950 a camisola encurtou e fez surgir o *baby-doll*. Nas décadas seguintes a variedade possibilitou às mulher uma plêiade de escolhas. Hoje modelos jovens e confortáveis disputam lugar nas vitrines ao lado de peças sensuais e escorregadias.

Capa

Vestimenta protetora e ampla, para ser usada por cima da roupa, com fendas laterais em vez de mangas, com ou sem gola e capuz. Seu comprimento pode variar para cobrir o corpo até os quadris, joelhos ou tornozelos. Muito usada no meio e final do século XIX, posteriormente relembrada nos anos 1960.

Capa de chuva

A capa de chuva foi criada por Thomas Burberry, que inventara o tecido impermeável de gabardina em 1880. Burberry utilizou o tecido no *trench-coat*, em 1901. A capa de chuva serviu como alternativa ao grande casaco de sarja pesada, usado por soldados britânicos e franceses na Primeira Guerra. Nos anos 1940 a capa em estilo militar tornou-se moda graças ao cinema. Com frente transpassada, pala solta, dragonas nos ombros e cinto frouxo, Humphrey Bogart a vestiu em *Casablanca*.

Cardigã

O suéter de lã sem gola e abotoado na frente ficou conhecido como cardigã, por ter sido inicialmente usado por James Thomas Brudenell, sétimo conde de Cardigan, no final do século XIX.

Embora Brudenell, comandante do exército britânico, tenha participado da Guerra da Crimeia (1854), seu nome é lembrado apenas pelo suéter. Em 1930, o cardigã foi combinado ao suéter de mangas curtas pelas mãos de Chanel e Jean Patou, resultando num conjunto clássico, o *twin-set*.

Catsuit

Macacão aderente ao corpo, com pernas e mangas compridas e frente fechada por zíper abaixo do umbigo ao pescoço. Nos anos 1940, era feito de tricô ou malha. Com a invenção da fibra sintética *spandex* (ou elastano) pela Dupont, em 1959, os *catsuits* se tornaram práticos e agradáveis de usar, devido à excepcional elasticidade que oferecia. O macacão colante se popularizou na década de 1960, usado com botas. Apareceu na mídia vestindo a Mulher-Gato, em aventuras espaciais, videoclipes, jogos para computador e ilustrações.

Cauda

Pedaço de tecido longo que se arrasta no chão, preso na parte de trás dos ombros, costas, cintura ou quadris. Modelos com cauda para a noite foram usados no século XIX. Com a simplificação da moda no início do século XX, ela quase desapareceu, exceção aos vestidos de noiva.

J. Béraud, *Une soirée chez les Caillebotte*, 1878.

Caxemira

A caxemira nasceu nos altos vales da Caxemira, região do Himalaia, norte da Índia. Ali, desde o século XVII, artesãos tecem a caxemira em teares montados com 2 mil ou 3 mil fios de lã finíssima. O grafismo do trabalho desses artesãos gerou um estilo de desenho bem definido, a palheta caxemira, uma forma estilizada de folha de palmeira. Apresentada em princípio nos finos tecidos de lã da região, logo se tornou tema de estampados, brocados e bordados.

Uma versão para o início desse padrão reside no fato de que os habitantes da Caxemira usavam a lateral da mão fechada para carimbar as caixas de especiarias. O desenho formado pelo dedo mínimo dobrado sobre a palma da mão originou a padronagem.

Chapéu

O chapéu surgiu da necessidade de proteger a cabeça. Utilitário, logo se descobriram maneiras de o enfeitar.

Até o século XII era pouco utilizado, mas, a partir do século XIII, já eram fabricados chapéus de feltro masculinos. As mulheres usavam variações de toucas e bonés, porém, quando iam à caça, ostentavam o chapéu com orgulho.

Somente no final do século XVIII as mulheres usaram chapéus para passeios ao ar livre. O auge do chapéu, e dos penteados, aconteceu no século seguinte. Flores, frutas, laços, plumas, o que a imaginação permitisse. Verdadeiras *corbeilles* de flores ou cestas de frutas se equilibravam sobre cabelos volumosos.

Enquanto nos chapéus femininos havia exagero no tamanho e enfeites, nos masculinos detalhes brilhantes e coloridos eram exclusivos dos uniformes militares, designando uma grande escola ou regimento.

No século XX o chapéu feminino foi símbolo de *status*. Nos anos 1930 somente operárias ousavam sair de casa com a cabeça descoberta. Na década seguinte a participação feminina no mundo do trabalho foi decisiva para o desaparecimento do chapéu (como o espartilho no início do século).

Hoje o chapéu surge como proteção ou complemento do traje.

Chapéu *cloche*

Cloche, em francês, significa sino. Encaixado na cabeça, esse chapéu – muito usado pelas mulheres dos anos 1910 aos anos 1930 – cobria a testa e quase todo o cabelo, sempre curto. Podia ou não ter uma pequena aba e era fabricado em materiais como feltro, palha, seda, linho e sisal, em cores variadas. Nas décadas de 1920 e 1930, sob influência da art déco, mostrou detalhes de listras e ziguezagues em cores contrastantes.

Chapéu coco

O pequeno chapéu rijo, geralmente preto, com copa arredondada e aba curva nas laterais nasceu no ateliê do lendário chapeleiro londrino Lock, criado no início do século XIX por encomenda do renomado William Coke, incentivador da agricultura. Coke procurava, para os guardas que protegiam as caças, um chapéu que evitasse serem incomodados por galhos e ramos das árvores.

No início, o chapéu chamou-se *coke*, em referência ao proprietário de terras. O nome *bowler* (chapéu-coco) surgiu em 1850, com o início de sua fabricação por Bowler & Son. Até 1960, foi usado por cambistas e banqueiros britânicos, tornando-se símbolo desses homens de negócio. Dos anos 1960 em diante, foi usado pelos oficiais da Guarda quando em trajes civis. Hoje, é um símbolo londrino. No cinema, caracterizou personagens como Laurel e Hardy (*O Gordo e o Magro*) e Charles Chaplin.

Chapéu panamá

O Equador é o local de origem desse chapéu tecido com folhas da palmeira *Carludovica palmata*, originária da América tropical. Seu nome vem da construção do canal do Panamá, inaugurado em 10 de outubro de 1913. Durante as obras – que levaram dez anos para serem concluídas –, engenheiros e operários norte-americanos usaram-no. Leve, ele protegia do sol. Os europeus também se seduziram pelo chapéu, que se tornou um acessório de verão.

O panamá autêntico pode ser dobrado ao meio e enrolado para ser levado no bolso, sem qualquer dano. Isso por conta da elasticidade e resistência das fibras utilizadas em sua trama. Essa característica é revelada pela linha saliente que marca o meio da copa. Existe ainda um modelo com copa plana, de feltro.

Chatelaine

No século XVII, as mulheres carregavam relógios e sinetes na ponta de correntes presas à cintura. Essas correntes eram as *chatelaines*, de prata ou outro metal, curtas ou longas, usadas em volta da cintura, com ponta caindo sobre a saia. No século XVIII, a corrente presa à cintura sustentava um mosquetão que continha o relógio, o sinete e, algumas vezes, um minúsculo frasco de perfume. Esquecidas, as *chatelaines* voltaram nos anos 1830 e, em 1850, carregavam objetos variados: chaves, dedais e pequenos tesouros. Após 1880, foram esquecidas.

Chemisier

O *chemisier* é um vestido no estilo da camisa masculina, abotoado na frente, com gola esporte, mangas compridas e usado com ou sem cinto. Surgiu em 1914 pelas mãos de Chanel, inspirada na simplicidade e praticidade das peças masculinas. Na época, foi visto como símbolo do movimento feminista. Lanvin, Paquin e Worth também apresentaram vestidos similares, e o modelo tornou-se clássico. Nos anos 1950 o *chemisier* solto apareceu nas coleções de Balenciaga. Na mesma década Givenchy criou modelos *chemisier* na linha saco, com silhueta larga na parte superior e afunilando em direção à bainha. Versátil, pode ser usado a qualquer hora do dia e em diferentes ocasiões, num estilo casual. Com os acessórios adequados, o *chemisier* é perfeito para a praia.

Cigarette

Nos anos 1950, jovens ingleses usavam calças com pernas ajustadas, chamadas *cigarettes*. Na década seguinte, foram adotadas por mulheres que a usavam com sapatilhas e longos suéteres ou blusões.

Modelo de *chemisier* criado por Chanel em 1914.

Cinta

Na década de 1920 surgiu a cinta, cuja finalidade era comprimir o corpo, do estômago à base dos quadris. Feita com tiras elásticas que também prendiam as meias, nas décadas seguintes a cinta ficou menos volumosa e mais simples. Nos anos 1950 o uso de calças compridas motivou a aparecimento da cinta-calça (com presilhas para prender as meias de náilon, chamava-se cinta-liga). Com o surgimento da meia-calça, a cinta-liga deixou de existir, e a cinta-calça tornou-se mais leve, até chegar a uma simples calcinha de tecido elástico.

Cinta-liga

Este fetiche, que a praticidade da meia-calça condenou ao passado, possui poderes imprevisíveis e, às vezes, impressionantes. Hoje sua função varia de acordo com a necessidade ou intenção. Para poucas mulheres é usado exclusivamente para sustentar as meias. Para outras, pura provocação.

A cinta-liga surgiu em 1827, quando Madame Celnart (pseudônimo de Elisabeth Félicie), em seu *Le Manuel des dames*, mencionou a existência de ligas artesanais. Tratava-se de uma dama muito elegante que usava duas fitas, que partiam da barriga e terminavam com fivelas costuradas, para prender as meias. No entanto, a glória pela invenção da cinta-liga ficou para aquele que a aperfeiçoou: Féréol Dedieu, que, em 1876, inventou a liga e, visto uma não existir sem a outra, a cinta-liga. O motivo do invento foi de ordem médica, já que ligas ajustadas diretamente sobre as pernas causavam problemas de circulação.

Em princípio, a peça não agradou as mulheres. Mas, a partir de 1878, as inglesas, mais preocupadas com saúde do que com refinamentos, adotaram o *sustentador de meias*, usando-o sobre o espartilho. Mais tarde, as presilhas passaram a fazer parte do espartilho, permitindo que as meias fossem presas de forma cômoda.

Dezenas de anos se passaram antes que a cinta-liga conquistasse a América. Em Paris, a novidade lutava contra as mudanças na moda. O espartilho, até então curto nas laterais e curvo na barriga, se alongou e se achatou na frente. O corpo da mulher nunca havia sido tão apertado, moldado e comprimido, e as quatro presilhas seguravam as meias e mantinham o espartilho no lugar, obtendo a tão desejada silhueta em S. A cinta-liga, recém-inventada, caiu no esquecimento.

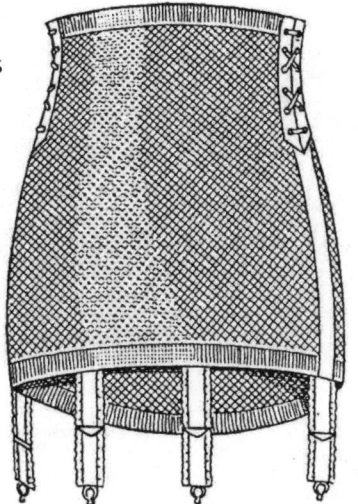

No século XX o desenvolvimento dos esportes, especialmente ciclismo e tênis, gerou a necessidade de roupas específicas, simples. O comprimento da saia subiu timidamente até o tornozelo. Poiret criou a linha reta e substituiu o espartilho pela cinta, que afinava a mulher desde a parte de baixo do busto até o final do quadril. Empenhado em simplificar o guarda-roupa feminino, Poiret prendeu as ligas na borda da cinta.

As meias, inicialmente grossas e pretas, passaram a ser seda natural ou sintética. Graças à Poiret, ganharam cor da pele, *champagne*, sempre mantidas no lugar graças à cinta-liga, peça que só foi esquecida com o aparecimento da meia-calça, em 1965.

Em 1930, a cinta-liga apareceu pela primeira vez no cinema nas pernas de Marlene Dietrich, em *O anjo azul*. Estava criado o fetiche: sedução, sensualidade e erotismo envolveram sua figura.

Colarinho

A gola típica das camisas surgiu nos anos 1820, nos Estados Unidos, como peça destacável e engomada de camisas masculinas. Depois de quarenta anos, sua procura era considerável, mas ela só se popularizou em definitivo com o lançamento da marca comercial Arrow no final do século XIX. Terminada a Primeira Guerra, a Arrow produzia mais de quatrocentos tipos de camisas. No começo do século XX as mulheres invadiram o guarda-roupa masculino, e as camisas masculinas foram adaptadas à moda feminina, conservando o que possuíam de mais marcante: o colarinho.

Colarinho alto

No final do século XIX o colarinho alto, duro e com pontas viradas foi usado em camisas para trajes formais masculinos. A moda continuou no início do século seguinte. Na década de 1920 as mulheres adotaram o colarinho alto. Nos anos 1970 ele ressurgiu, mas por pouco tempo.

Colarinho com botões

Na história da moda, alguns tipos de golas e colarinhos adotados por personagens importantes se popularizaram com o nome do usuário. Assim aconteceu com a gola Mao e o colarinho Windsor. A mudança nos modelos surgia simplesmente por uma questão de moda. O colarinho abotoado, por exemplo, foi idealizado para satisfazer a um pedido.

No final do século XIX, o traje dos jogadores de polo na Grã--Bretanha era todo branco: calça, suéter e camisa de manga comprida com colarinho alto e reto. Durante o jogo, pela ação do vento ou movimento do cavalo, as pontas do colarinho esvoaçavam, interferindo na elegância dos cavaleiros. A solução foi pedir aos confeccionistas algo para que permanecessem com suas pontas abaixadas. O problema foi solucionado por dois botões.

O espírito observador e o tino comercial de John Brooks, filho do fundador da Brooks Brothers, fez moda com o colarinho abotoado dos jogadores de polo.

Collant

Com significado de "justo" ou "agarrado", a palavra designa a peça de malha fina e aderente, geralmente cor da pele, sem costas, com grande decote e alças bem finas, que modela todo o corpo e lembra um maiô inteiriço. Muito usado na década de 1960, sob vestidos e batas semitransparentes.

Combinação

A palavra "combinação" foi usada nos anos 1930 para designar a união de duas peças de lingerie: blusa e anágua, usada pelas mulheres até a década de 1940. Era esquecida apenas quando vestiam calças em vez de saias ou vestidos. Nos anos 1950 o uso da combinação foi estimulado e, em 1958, no filme *Gata em teto de zinco quente*, Elizabeth Taylor aparece ao lado de Paul Newman vestindo nada além de uma simples combinação. Peça muito feminina e sensual, hoje pertence ao passado.

Conjunto marinheiro

A adaptação da roupa dos marinheiros na moda se iniciou com os conjuntos para meninos na década de 1840, como documenta a obra do pintor alemão Winterhalter. A tela mostra o príncipe Eduardo VIII usando a moda infantil da época: conjunto formado por calça boca-de-sino e blusa com gola típica, de borda quadrada sobre as costas. Mais tarde, a moda se adaptou às meninas e, finalmente, aos adultos. Os tecidos mais usados eram algodão e sarja, nas tradicionais cores azul-marinho e branco. Nos conjuntos marinheiro para mulheres das décadas de 1920 e 1940, a calça foi substituída pela saia preguada.

Franz Winterhalter, *Príncipe Eduardo VIII*, 1846.

Corpete

Hoje, corpete é a parte da roupa feminina situada entre os ombros e a cintura, sem mangas. No século XV, era uma peça do vestuário destinada a firmar o corpo. O corpete era feito com duas camadas de linho, coladas ou costuradas, para ficarem firmes. No século seguinte utilizavam-se barbatanas de baleia em sua confecção, para a frente ficar rígida. Os modelos dos vestidos variavam e os grandes decotes pediam corpetes que não ultrapassassem a linha dos seios – evolução que resultaria no espartilho. No século XIX o corpete tinha comprimentos variados, continuava com as barbatanas e o ajuste era feito por cordões e ilhoses. No século XX o corpete para uso sob a roupa desapareceu.

Corpinho

Confeccionado em algodão acolchoado e armado por barbatanas, o corpinho era ajustado em volta dos seios e, muitas vezes, chegava à cintura. Foi o antecessor do sutiã.

Costume

Costume é o conjunto de calça e paletó de mesmo tecido, cor e padronagem. Quando inclui colete, o conjunto é chamado terno.

Até a metade do século XVIII, calça, casaco e colete eram confeccionados com tecidos diferentes. Em 1860, na França, um único tecido foi utilizado na confecção das três peças, formando um conjunto. Em 1867 o futuro rei Eduardo VII apareceu num costume de tecido uniforme, ditando a nova moda. Aperfeiçoado por alfaiates, com cômodos bolsos internos, na década de 1890 foi adotado por homens de negócio.

Detalhes vistos nos paletós possuem uma razão de ser:
- Abertura atrás. Como o traje também era usado na equitação, os clientes pediam aos alfaiates que deixassem uma abertura na parte de trás do casaco para facilitar o desempenho.
- Casa na lapela. A casa na lapela não era enfeite nem era destinada a prender corrente de relógio. Era um detalhe funcional que mantinha a frente do casaco fechada nas horas frias.

Em março de 2001, o corpete com barbatanas e ilhoses, usado com calça de veludo, foi mostrado na passarela de Chloé, em Paris.

- Botões na manga. Sua origem é militar. Napoleão, em batalha contra as tropas russas, observou que seus soldados, resfriados por conta do frio extremo, não usavam lenços e limpavam o nariz nos punhos das túnicas. Então, mandou pregar uma carreira de botões junto aos punhos das mangas. Depois os botões se tornaram enfeites.

Após a Primeira Guerra, o casaco encurtou e, de redingote, passou a paletó, transpassado ou não. Por volta de 1930 as tendências de modelagem eram duas e opostas: a norte-americana possuía paletó longo e ombros largos, e a inglesa era mais ajustada e próxima ao corpo.

Nos dias atuais o costume é visto como um traje social e marca a elegância do homem, ou seu ramo de atuação. Sua linha pode sofrer alterações de acordo com a tendência da moda: estruturado e formal, desestruturado e casual, abotoamento simples ou frente transpassada, lapelas estreitas ou largas, corpo folgado ou ajustado, ombros evidenciados ou naturalmente marcados e com ou sem aberturas atrás. O costume social obedece a um leque de cores sóbrias e bastante limitado.

Crinolina

Nos anos 1830 já se anunciava o uso da crinolina, peça do vestuário feminino responsável pelo volume excessivo das saias usadas durante o Segundo Império francês (1852-1870). Inicialmente o volume das saias era mantido por vários saiotes sobrepostos. Por volta de 1839 essa sobreposição foi substituída por um único tecido rijo, feito de crina. Com os anos, para obter maior amplitude, retornaram os saiotes sobrepostos, dessa vez sobre a crinolina. Entre 1856 e 1859 a montagem, cada vez mais pesada, foi substituída por uma armação de arcos de metal leve costurados no tecido ou presos em volta da cintura por meio de cordões. O diâmetro do saiote tipo gaiola chegava a 180 cm. Nos anos 1860 a crinolina evoluiu e seu volume se achatou na frente. No final do Segundo Império o volume na frente diminuiu ainda mais, contribuindo para a forma cônica da saia, realçada pelo uso de almofada sobre os rins (anquinha).

Culote

Calça de equitação, larga na parte superior e justa dos joelhos aos tornozelos, usada por militares e para montaria, geralmente com botas de cano alto ou perneiras. Durante os anos 1950, foi incorporada à moda feminina para o dia a dia.

Dragonas

Tiras sobrepostas e abotoadas sobre os ombros, prendiam enfeites requintados em uniformes militares no final do século XIX. No século XX, foram incorporadas como detalhe de moda em capas e casacos de estilo militar, jaquetas e camisas esportivas.

Egrete

O nome egrete (do francês, *aigrette*) é dado ao conjunto de plumas que enfeita a cabeça de aves como a garça-real ou a águia-pescadora. A palavra designa o enfeite confeccionado com tais plumas, usado em chapéus femininos, penteados ou fantasias carnavalescas. Chapéus emplumados ou enfeitados com egretes foram muito usados no final do século XIX. Egretes com diamantes e rubis decoravam os turbantes de sultões otomanos do século XVII.

Elástico

Antes visível só em roupas íntimas, hoje se impõe como detalhe que valoriza roupas e acessórios. Com diversas larguras e cores, possui acabamentos e desenhos variados, surgidos da elaboração da trama. Mas como surgiram? Qual sua evolução? E o que falar dos tecidos elásticos?

O homem se utilizava da borracha para obter materiais elásticos. A matéria-prima era extraída de diversas árvores e arbustos, com destaque para as plantações da Malásia.

Inicialmente só apagava

Até o século XIX a borracha era conhecida apenas como elemento sólido, usado para apagar. Para diversificar seu uso, foi necessário dar-lhe elasticidade e resistência, e assim suportar temperaturas quentes e frias. O inglês Thomas Hancock foi de grande importância, valendo-se da mistura de enxofre. Em 1820 patenteou o processo da produção do pano elástico, obtido da mistura de borracha com tecido.

Foi o inventor norte-americano Charles Goodyear que, em 1839, após anos de pesquisa, acidentalmente, derrubou borracha e mistura de enxofre num forno quente e descobriu a vulcanização. Patenteou o processo em 1844.

Uso em calçados

O novo material elástico, que unia tecido e borracha, foi usado em calçados. Partes laterais de botas, e depois galochas e botas inteiras, valeram-se da novidade. Aperfeiçoado, no final do século XX era utilizado na manufatura de espartilhos.

O transporte do látex (seiva da seringueira) para abastecer o mercado era um problema, pois o material endurecia rapidamente em contato com o ar. Até 1930 era transportado para Europa e América envolto em tecido forte, amaciado e cortado em tiras na chegada. Mais tarde desenvolveu-se um método que permitiu o transporte da emulsão látex em tanques diretamente para o fabricante, facilitando a industrialização do produto. Nessa época a Dunlop Rubber Company elaborou um processo que permitiu a fabricação do fio elástico. Seguiram-se pesquisas de aprimoramento do material e, assim, nos anos 1930, o látex era produzido em variedade de espessuras e comprimentos, o que permitiu sua ampla utilização em roupas íntimas.

Surgimento da Lycra

Uma revolução aconteceu em 1958 com o aparecimento do fio elastano, uma fibra sintética e elástica com ótimas propriedades de extensão e retração. O fio elastano foi inventado e produzido nos laboratórios da Du Pont, nos Estados Unidos, com o nome comercial de Lycra. Mais leve e forte que seu equivalente em borracha, foi primeiramente utilizado na fabricação de cintas e modeladores. Por volta de 1970, a Lycra foi usada na fabricação de roupas de banho, revolucionando o setor.

Moda e materiais elásticos

Passado o tempo das galochas de borracha, dos espartilhos, do látex e das pesquisas, o elástico, cuja função inicial era segurar e apertar, hoje também enfeita. Quando o assunto é tecido elástico, o sintético amplia o leque de utilização. O fio elastano aparece em porcentagens variadas na composição dos mais diferentes tecidos, do jeans às rendas, e em quase todos os setores do vestuário: moda íntima, maiôs, roupas esportivas. A Lycra agradou pelo conforto, beleza, toque agradável, durabilidade e

O detalhe da tirinha fez a diferença nesse escarpim. Desfile de Givenchy, Paris, março de 1997.

facilidade na manutenção, pois seca com rapidez. O mundo de hoje se veste de modo confortável, com muito *stretch*.

Escarpim

Sapato feminino, fechado, com sola fina e salto, deixando o peito do pé descoberto. Criado em meados do século XIX, é um modelo clássico que, com o passar dos anos, sofre pequenas alterações, como variações na altura e grossura do salto, mudanças no formato do bico, decote mais aberto ou fechado, diversidade no material e na cor. Seu auge foi nos anos 1950, com salto agulha, complementando o estilo chique dos grandes costureiros.

Espartilho

Por volta de 1600 a.C. as mulheres já conheciam um tipo de corpete justo, com abertura frontal e lâminas de cobre para afinar a cintura e realçar os seios nus. A faiança creta desse período é um testemunho: a Deusa das Serpentes, proveniente de Knossos, está exposta no Museu Arqueológico de Herakleion.

No início do século XIV, mostrar cinturas moldadas era uma preocupação, e as mulheres usavam faixas apertadas em volta do corpo. Até meados do século XV, uma espécie de colete justo, amarrado nas costas e usado sobre a camisa, erguia os seios - eram os corseletes. Com o passar do tempo, o corselete se tornou mais rígido e evoluiu para o espartilho, usado durante todo o Renascimento, período em que os seios eram evidenciados pela roupa. Seu uso causava sérios danos à saúde; porém, o aspecto social preponderava (o espartilho evidenciava superioridade). No seio da aristocracia, as mulheres usavam espartilhos atados atrás, necessitando o auxílio de empregados para ajustá-los. Nas classes inferiores, o corpete era mais folgado, mantido por cordões amarrados na frente.

Após o Renascimento, surgiu o corpete rígido, em forma de cone, armado por uma haste de madeira, marfim ou prata, a depender do poder aquisitivo da usuária. Somente no século XVIII os espartilhos se tornaram menos rígidos, com hastes flexíveis, feitas com barbatanas de baleia. Eles comprimiam os seios, em evidência nos grandes decotes.

Durante a Revolução Francesa a roupa foi simplificada. Crinolinas – armações compostas por arcos de aço que davam forma às saias – e espartilhos foram esquecidos. A moda pedia transparências e, em lugar dos objetos torturantes, as mulheres usavam um simples "corpinho" de tecido para sustentar os seios.

A mudança da silhueta feminina no Império de Napoleão (1804-1814) pedia seios erguidos e separados. O novo visual fez ressurgir o espartilho e suas incômodas barbatanas. A partir de 1815 a cintura voltou ao seu lugar, os decotes aumentaram e, mais uma vez, a silhueta delgada e a firmeza do corpo foram garantidas graças aos torturantes espartilhos.

Foram várias as tentativas de aprimorar os modelos de espartilhos para facilitar seu uso e baixar custos. Em 1840 a introdução de cordões elásticos permitiu às mulheres se vestirem sozinhas, sem alguém para atar ou soltar seus cordões. Iniciou-se a confecção da peça em série, com participação de mulheres em sua fabricação. Em 1848 existiam 64 marcas registradas.

No final do século XIX, além da cintura estrangulada e dos seios evidenciados, uma espécie de almofada projetava os quadris para trás. Os modelos de espartilhos eram bem variados e as barbatanas eram de aço inoxidável, livres da ferrugem. Contudo, mostrar uma silhueta em forma de S exigia sacrifício - prendedores de meias eram presos ao espartilho e seios artificiais infláveis podiam ser adaptados a ele.

Foi o estilista Paul Poiret, no início do século XX, quem iniciou a libertação da mulher às formas artificialmente impostas. Em 1909 ele se inspirou nos trajes mostrados pelo balé russo de Diaghilev, em turnê por Paris, para pôr termo à silhueta em S da mulher. Uma linha mais natural, com liberdade de movimentos, substituiria a figura rígida de então.

A extinção do espartilho se inicia com a Primeira Guerra Mundial. Cintas e sutiãs, menores e mais simples, facilitaram a vida da mulher, agora no mercado de trabalho.

De vez em quando, o espartilho é relembrado. Na época do New Look de Christian Dior, um modelador "cintura-de-vespa" foi usado. No final do século o espartilho reapareceu em Versace, Gaultier e Chloé, não como peça íntima, mas para ser mostrado e admirado.

Estola

Agasalho comprido e retangular que protege ombros, braços e a parte superior do corpo. Surgiu nos anos 1950, quando a grande moda pedia estola de pele em formato anatômico. Pode ser de tricô, crochê ou como complemento *habillé*, confeccionada em tecidos como cetim, tafetá, veludo, crepe, jérsei ou musseline.

Fenda

Abertura usada na modelagem de roupas masculinas e femininas desde o século XIX. Garante o conforto de roupas ajustadas. A fenda é localizada geralmente junto às barras de paletós, mangas e saias.

Fusô

Fusô, do francês *fuseau*, é a calça justa e afunilada – em geral de malha ou tecido plano com porcentagem de elastano – cujas pernas se mantêm esticadas por meio de alças que passam por baixo dos pés. Seu nome vem da sua semelhança com um fuso, e surgiu como moda feminina nos anos 1950, quando era usada com amplos suéteres que cobriam os quadris. Nos anos 1970 e 1980 esteve presente na prática de esportes. No início do século XXI o fusô perdeu usuárias para o legging, sem alças sob os pés e comprimento das pernas mais curto, entre joelhos e tornozelos.

Fenda ousada, com assinatura de Gay Mattiolo. Milão, outubro de 1998.

Fuxico

Produto artesanal que utiliza sobras de tecidos, num trabalho feito com pequenos círculos de tecido alinhavados em toda a beirada; em seguida, o fio da agulha é puxado, surgindo uma pequena peça franzida. Posteriormente, os círculos já franzidos são unidos lado a lado, compondo peças grandes como almofadas ou colchas.

Sua criação é atribuída aos escravos africanos. No Brasil, o fuxico é visto como artesanato tradicional que remonta ao perío-

Detalhe de um trabalho de fuxico de Renato Imbroisi para a exposição "Que chita bacana", São Paulo, 2006.

do colonial. Ele se tornou popular no início do século XX, aliado aos trabalhos de *patchwork*.

A expressão "fuxico" ligada a fofoca surgiu porque, quando as mulheres se reuniam para costurar e criar peças para o vestuário ou enxoval, cochichavam sobre a vida alheia.

Inicialmente relacionado às classes de baixa renda, o fuxico é hoje associado ao *patchwork*, sendo valorizado e ganhando realce em decorações.

Galocha

Calçado impermeável, sem cadarços, usado por cima do sapato como proteção, a galocha surgiu em meados do século XIX, graças a Charles Goodyear, que, acidentalmente, descobriu a vulcanização quando derramou borracha e mistura de enxofre num forno quente em 1839. O novo material, composto de tecido e borracha, foi usado nas partes laterais de botas, botas inteiras e galochas.

A galocha hoje é feita de borracha ou plástico e usada em diferentes atividades profissionais. De tempos em tempos, reaparecem como acessório de moda. Em 2008, feitas de plástico colorido e estampado com motivos variados, invadiram passarelas e conquistaram jovens e crianças.

HISTÓRIAS DA MODA

Gargantilha

Colar ou enfeite ajustado em volta do pescoço que reinou como acessório de moda. No século XVIII, Maria Antonieta, esposa de Luís XVI, usava gargantilhas realçadas por seus grandes decotes. No início do século XX, a rainha Alexandra, esposa de Eduardo VII da Inglaterra, usava gargantilha em obrigações oficiais que, dizem, escondia uma cicatriz. Esse enfeite ainda é usado, sob a forma de joia valiosa - com pérolas e diamantes - ou outra gema, bijuteria vistosa ou simplesmente uma fita de veludo, cetim ou gorgorão, com detalhe na frente - um pingente, camafeu ou outro broche.

No final de 1997, John Galliano mostrou vistosas gargantilhas em seu desfile para Dior.

Gola Claudine

Surgiu no século XVIII como detalhe de camisola. Grande e plana, apoia-se sobre palas e contorna o pescoço com seu formato redondo. Hoje, aparece em roupas infantis, mantendo o formato arredondado.

Gola xale

Gola formada por uma linha contínua que vem de trás do pescoço e desce na frente do corpo. Muito usada nos anos 1930 em casacos e vestidos. Reapareceu na década de 1950, principalmente em cabãs.

Gargantilha usada pela Rainha Alexandra no início do século XX.

Gravata

O nome "gravata" deriva da palavra "croata", referente aos mercenários croatas a serviço de Luís XIII, no século XVII, que usavam um lenço amarrado em volta do pescoço.

Lenços amarrados no pescoço eram usados havia muitos séculos. No século I, quando os chineses descobriram a tumba do imperador Qin Shihuangdi, foram encontrados milhares de soldados de terracota, em tamanho natural, todos usando lenços em volta do pescoço. Em figuras da Roma antiga – que podem ser vistas na coluna de Trajano –, encontramos legionários com lenços para se protegerem do frio.

Vista como necessidade e não acessório, a gravata desapareceu durante longo período, ressurgindo no século XVI sob forma de gola pregueada, seguida de jabôs de renda – tipo de enfeite rendado –, até que, em 1668, apareceu na forma atual: uma longa écharpe branca de algodão ou linho e pontas enfeitadas com renda. Enrolava-se a écharpe várias vezes em volta do pescoço e amarravam-se as pontas na frente, com as extremidades caídas.

No reinado do Rei Sol, Luís XIV, o nó da écharpe era enfeitado com fitas coloridas. Foi o próprio Luís XIV quem criou a função de "gravateiro", empregado pessoal do quarto do regente, com *status* de escudeiro. O gravateiro escolhia e ajustava as gravatas do rei, os botões dos punhos e os diamantes.

No final do século XVII, após a batalha de Steenkerque, entre ingleses e franceses, a gravata "à la Steinkerque", de aspecto desarrumado, tornou-se moda. Larga como uma écharpe, mantinha-se com nó simples, e suas pontas passavam pela sexta casa de botões da casaca.

Novas ideias modificaram o acessório. No final do século XVIII era enfeitada por fita negra que envolvia o pescoço e deixava os cabelos atrás da cabeça. O detalhe da gravata destacava o conjunto.

A gravata como distinção entre classes se iniciou com George Bryan Brummel, o "Belo Brummel". Nascido na classe média, Brummel precisava de três gravatas para garantir a perfeição do nó. Eram quadrados de musselina ou tecido muito fino, linho ou algodão, brancos e ligeiramente engomados. Se o nó não estivesse a gosto, reiniciava o trabalho em outra gravata. Seus modos agradaram, especialmente o seu amigo, o príncipe de Gales (futuro rei Jorge IV), notório pela elegância.

A gravata *à la* Brummel, com nós complexos, tornou-se moda. Em pouco tempo a dificuldade em realizar os nós acarretou a venda de gravatas já montadas. Na França, em vez de branca, a gravata *à la* Brummel era preta.

No início do século XX, os ingleses inventaram o *habillé*, usado até hoje: calça, colete e casaco sobre camisa com colarinho enfeitado por gravata. Na época, surgiu a gravata "regata", parecida com as atuais, e a "borboleta", vendida montada ou para montar.

Em 1924, o gravateiro Langdorf, de Nova York, cortou o tecido enviesado para confeccionar a gravata e reuniu três partes em sua montagem: o tecido externo, a entretela (que lhe dá firmeza) e o forro, como acabamento. Assim surgiu a gravata atual.

Gravata borboleta

Até o século XIX, no lugar da gravata, os homens usavam um lenço quadrado, dobrado em diagonal e amarrado de diferentes maneiras, entre elas, aquela cujas pontas formavam um laço. Seu formato não mudou desde 1870, mas a dificuldade de fazer o laço com perfeição fez que a gravata borboleta fosse usada somente em ocasiões formais, complementando um smoking ou fraque.

Guarda-pó

A criação do guarda-pó foi motivada pelo advento do automóvel no final do século XIX. Esse casaco longo feito de tecido leve (como a gabardina) tinha mangas compridas e gola alta e era usado para andar de carro, protegendo da poeira.

Guarda-sol e guarda-chuva

A função primordial do guarda-sol era proteção. Ele surgiu como uma extensão do abanador, usado há 3.400 anos na Mesopotâmia. O abanador com cabo longo era sustentado pelo encarregado do bem-estar do amo. Sob clima quente, servia como abanador e sombra. Era produzido manualmente, com folhas de palmeira, plumas ou papiro.

O abanador era símbolo cerimonial no Egito, China e Grécia. Em tribos africanas contemporâneas ainda há a figura do carregador da sombrinha, caminhando atrás do chefe e protegendo-o do sol.

Gregos e romanos, embora influenciados pela cultura egípcia, não aceitavam um homem se resguardar do sol fora de cerimoniais. Aquele que procurasse proteção era tido como afeminado. O guarda-sol era para mulheres, e elas se beneficiaram com o preconceito. Na Grécia usavam sombrinhas brancas e existia, inclusive, a Festa dos Guarda-Sóis, realizada uma vez por ano, na Acrópole, em homenagem à fertilidade.

Foi nos anfiteatros romanos ao ar livre que o guarda-sol foi usado para proteção à chuva. Em inesperadas garoas, as mulheres abriam seus guarda-sóis, impermeabilizados por uma técnica que utilizava papel. Os homens, indignados pela visão obnubilada, reclamavam. O uso do guarda-chuva em atos públicos causou polêmica e a questão chegou ao imperador Domiciano (século I), que intercedeu em favor das mulheres.

Até o século XVIII guarda-sol e guarda-chuva permaneceram como acessório exclusivamente feminino, e os homens preferiam se ensopar na chuva e manterem a virilidade. Jonas Hanway discordava, e desfilou publicamente com um guarda-chuva na Inglaterra durante trinta anos. Os homens concluíram que era mais barato comprar um guarda-chuva do que alugar conduções sempre que chovia. Dessa maneira, o objeto passou a ser usado por homens e mulheres, sem preconceito.

Havaianas

Embora registrada pela São Paulo Alpargatas em 13 de agosto de 1964, a fórmula "palmilha com forquilha" era conhecida na Antiguidade, como comprovam ilustrações que mostram os calçados usados pelos antigos egípcios.

Como "sandália de dedo", a palmilha com forquilha apareceu em Burma, na Polinésia, com tiras de veludo. Porém, tudo indica que a verdadeira fonte de inspiração para a criação das Havaianas, em 1962, foi a *zori*, um tipo de sandália de dedo japonesa com solado plano, feito de palha entrelaçada ou madeira envernizada. Na *zori*, a forquilha é de tecido. Na versão idealizada pela São Paulo Alpargatas, a sandália era de borracha, garantia de durabilidade e conforto.

Impermeável para chuva

Os europeus devem aos índios da América do Sul a inspiração para os impermeáveis. No século XVI exploradores espanhóis observaram que os nativos do Novo Mundo utilizavam uma resina branca para cobrir suas roupas. Essa seiva – extraída da árvore local *Hevea brasiliensis* – era espalhada sobre uma superfície, coagulava, secava, não endurecia a peça e evitava que a chuva penetrasse. Os espanhóis seguiram o exemplo dos indígenas e aplicaram a resina, a que chamavam "leite de árvore", sobre suas capas, casacos, guarda-chuvas, calças e solas dos sapatos. Mas havia um inconveniente: com o calor, a película se tornava pegajosa e nela grudavam folhas, galhos secos e poeira. Resultado: no final do dia, as roupas estavam camufladas.

Na Europa, experiências com a seiva buscavam melhorar suas propriedades. Na França, o astrônomo François Fresneau descobriu, em 1748, um método químico que deixava o tecido tratado com látex leitoso menos pegajoso. Porém, o cheiro era muito desagradável.

Em 1823 o químico escocês Charles Mackintosh observou a facilidade com que a borracha natural se dissolvia na nafta de alcatrão de carvão. Capas impermeabilizadas com borracha tratada com nafta, além de corresponder às expectativas, cheiravam à borracha. Foram imediatamente aceitas pela população, que as batizou de "mackintoshes".

Em 1856 Burberry inventou a gabardine impermeável, após observar a eficiência dos abrigos usados pelos pastores, de linho impermeável e firmemente tecidos. Ele fabricou um tecido de gabardine nas mesmas bases, substituindo a borracha Mackintosh utilizada na confecção de capas de chuva. Da guerra de trincheiras surgiu seu nome, *trench-coat*. O modelo foi imortalizado por Humphrey Bogart nos anos 1950.

Jabô

Usado junto ao pescoço como uma gravata, o jabô é formado por babados sobrepostos de renda ou outro tecido delicado. Foi usado inicialmente pelos homens no século XVI. No século XIX, foi adotado pelas mulheres e fez parte do estilo vitoriano, com golas altas, babados, mangas bufantes e laços. Nas décadas de 1930 e 1940 o jabô foi usado com tailleurs.

Japona

Espécie de paletó de lã cobrindo os quadris, transpassado na frente e fechado por seis botões, usado no século XIX por marinheiros e pescadores. Hoje, é conhecido por japona e tem a frente fechada por zíper. Ela entrou para a moda feminina nos anos 1920, pelas mãos de Chanel. Nos anos 1960, foi lembrada por Yves Saint Laurent.

Jardineira

A calça com cós alto, frente estendida para cima e mantida por suspensórios sobre os ombros foi usada por operários no início do século XX e, posteriormente, por mulheres durante as duas grandes guerras. Nos anos 1950 e 1960 a jardineira de brim foi usada como peça de moda. Folgada e com vários bolsos, ganhou a preferência de homens e mulheres em ocasiões que pedem comodidade. Confeccionada em jeans, é usada para a prática de bricolagem e jardinagem, além dos momentos de descontração, como as férias. Como roupa de trabalho, é usada no campo; no esporte, para velejar (confeccionada em plástico) e esquiar (geralmente, feita em moletom).

A jardineira é também vestida por crianças - pois as alças garantem que as calças não desçam - e gestantes, que continuam a usar calças com a comodidade de nada apertar a cintura.

Jeans

A palavra *jeans* surgiu de *genes*, nome das calças que os marinheiros de Gênova usavam, em 1567. O jeans atual nasceu das mãos de Levi Strauss no século XIX. Durante a colonização do Oeste norte-americano, Strauss utilizou a lona - tecido resistente que cobria as carruagens dos colonizadores - para a confecção de calças, úteis para os caçadores de ouro, que ajoelhavam nos solos rústicos das minas, e cowboys, que lidavam com o gado.

Em 1860, Strauss substituiu a lona pela sarja de Nîmes, tecido francês de resistência similar, de cor azul: o jeans tornou-se *blue jeans*, confeccionado em denim índigo blue. (*Denim*, por ser *de Nîm*es, e *índigo blue* em alusão à planta de origem indiana, *Indigofera tinctoria*, que contém um corante azul até hoje utilizado no tingimento de tecidos.) Em 1877, em prol da resistência, as calças ganharam rebites nos bolsos (o clássico jeans Levi's 501).

No início do século XX, a calça forte, lavável e durável confeccionada com denim era usada em trabalhos pesados. A difusão do jeans na Europa ocorreu após a Segunda Guerra, e sua consagração veio com o filme *Juventude transviada*, com James Dean vestindo jeans surrados e descorados. As variações no jeans são hoje incontáveis: com bordados, recortes, aplicações, tachas, zíperes, bolsos, tingimentos, acabamentos. Mas o clássico "cinco bolsos" permanece imbatível.

Jogging

Conjunto de malha unissex usado para a prática de esportes, composto por blusão e calça, confeccionado em moletom, malha de algodão ou tecido sintético *stretch*, com punhos, cintura e barra ajustadas por elástico. Nos anos 1970, o jogging e os tênis ganharam as ruas como roupa casual. Hoje, é usado em caminhadas.

Joias

A evolução das joias está estritamente ligada à arte das diferentes épocas, às técnicas inventadas, perdidas, reencontradas e melhoradas e aos materiais utilizados.

Da Idade Média aos dias atuais, os estilos determinaram os períodos. Na Europa Medieval a ourivesaria se favoreceu do desenvolvimento da arte religiosa (broches enfeitados com camafeus, relicários e livros de devoção em miniaturas, ricamente ornados com pingentes). Nos séculos XIV e XV as joias faziam parte do vestuário (cintos, colares, insígnias, brasões ou emblemas gravados na superfície) e peças esmaltadas eram a coqueluche, sobretudo na França, onde o nome Limoges aparecia para se perpetuar. É dessa época a arte espanhola da filigrana enriquecida de pedras, de tradição mourisca, que se desenvolveu em Palermo, Veneza e entre os normandos.

A Itália do Renascimento também contribuiu com a ourivesaria: pintores, arquitetos e ornamentistas também desenhavam joias. As pedras, que perderam valor em favor do esmalte, retomaram a importância. No final do século XVI surgia o relógio pingente, preso ao pescoço por uma corrente de ouro, com mostrador e caixa ornados com esmalte elaborado.

O romantismo do início do século XIX marcou a volta ao passado, no estilo neogótico. As formas das joias se depuraram, com montagens sóbrias que valorizavam a pedra, em geral diamante. Falize e Fontenay, em Paris, Guiliano, em Londres, e Castellani, em Roma, eram os grandes joalheiros de então. No final do século a joia democratizou-se: as montagens não eram mais feitas a mão e começou a exploração das minas de diamantes da África do Sul. Afora o aperfeiçoamento do corte de gemas preciosas, as técnicas permaneceram iguais, porém os estilos evoluíram, graças a decoradores e joalheiros: Lalique, Tiffany, Dampt, Nocq e Brateau lançaram o "art nouveau" (ou "modern style"), que marcaria todo o início do século XX. Depois da Primeira Guerra, surge o relógio de pulso, e os "clips" substituíram os broches.

Atualmente as peças mais belas sofrem influência do passado. Joias delicadas cederam lugar a criações valiosas, de tamanhos respeitosos. Pedras coloridas montadas em ouro concorrem com brancas e transparentes emolduradas por prata ou ouro branco. Pérolas enfiadas num só fio (ou em fios duplos, triplos ou múltiplos), com fecho formado por pedras em cabuchão ou lapidadas, mostram o branco do Oriente que fascina, tons diversos e o precioso negro do Taiti. Há ainda os desenhos geométricos emoldurando grandes gemas de cores variadas. O século XXI espelha o final do século XVIII e início do século XIX.

Keds

Keds é um calçado simples, de lona ou couro, despretensioso e confortável, distante das sofisticadas linhas de tênis que disputam liderança no mercado por meio de amortecedores de impacto, proteções diferenciadas, novidades em materiais e design futurista.

Sua história se inicia no século XIX, quando a borracha vulcanizada foi desenvolvida por Charles Goodyear. Em 1880 a Companhia de Borracha dos Estados Unidos, pensando nas tenistas, desenhou um modelo simples, com solado de borracha, parte superior de lona e cordãozinho para amarrar. O sucesso foi tamanho que criaram uma marca exclusiva. Para batizá-lo, recorreram à palavra "pés" em latim, que seria "peds". No entanto, os direitos autorais pertenciam a terceiros. Decidiu-se então trocar a primeira letra por *k*. Em 1916, o keds recebia um nome.

A popularidade do keds aumentou após a Segunda Guerra, quando apareceu em propagandas, nos pés de grandes atletas. O consumismo desenfreado da década de 1980 correspondeu às expectativas dos fabricantes, e o keds aliou-se à moda jovem e esportiva, para qualquer hora do dia.

O keds garantiu seu reinado. O branquinho era sua estrela principal, seguido de modelos coloridos, listrados e xadrezes. A responsável pela produção era a American Fashion Ltda., cujo sócio majoritário era o grupo Grendene-Vulcabrás.

Kilt

A saia pregueada, de frente transpassada e feita com tecido de lã xadrez – com desenho e cores correspondentes aos clãs –, faz parte do traje típico masculino da Escócia. Tartan é o nome dado à padronagem exclusiva dos clãs. Existe um registro oficial de padronagens tartan mantido pela Scottish Tartans Society em Perthshire.

O kilt é uma variação do traje desenvolvida em meados do século XVIII, em que a peça de tecido com cinco metros de comprimento era pregueada e mantida em volta da cintura por meio de um cinturão. A ponta restante era jogada sobre os ombros de várias maneiras, dependendo da temperatura e da liberdade de movimento necessária. Era comum cobrir apenas um ombro e prendê-la com broche.

A simplificação do kilt, perdendo a parte superior e mantendo a saia pregueada e o cinturão, foi obra de um inglês, diretor de uma fundição em Invergarry, Escócia, que observou a necessidade de liberdade de movimento para os empregados executarem suas funções.

Hoje o kilt é usado por parte dos escoceses em celebrações e ocasiões formais, em que o tradicional modelo de saia é acompanhado de grossas meias três-quartos e bolsa típica presa na frente da cintura. Entre as mulheres, permanece um clássico da moda.

Knicker

Conhecido também por *knickerbockers*, o calção franzido e preso abaixo dos joelhos por tiras com botões ou fivelas foi usado por homens do século XVIII. Na década de 1890, as mulheres utilizaram-no como traje esportivo. O elegante Eduardo VIII, duque de Windsor – que abdicou do trono da Inglaterra em 1937 para casar-se com a americana Wallis Simpson –, usava *knicker* quando jogava golfe. A modelagem foi resgatada por Yves Saint Laurent no final dos anos 1960 e início dos 1970, com sucesso nas passarelas.

Leggings

Palavra inglesa que significa "perneira", é nada além de uma calça justa de malha. Na Idade Média, as mulheres, a despeito dos trajes longos, sentiam frio nas pernas. Os maquinários da época não ofereciam precisão para fabricar uma peça que se ajustasse aos pés, portanto cortaram-na no tornozelo. Desse modo, os leggings foram usados até meados do século XIX como agasalho diurno e calças de pijama noturnas. Nos anos 1960, como complemento da minissaia, vieram as meias opacas em todas as cores, precursoras dos leggings como moda, nascida em Londres.

Lenço

O pequeno lenço de algodão macio, hoje usado para enxugar a fronte, secar a transpiração das mãos, limpar o nariz ou simplesmente conter um inesperado espirro, tem raízes nos grandes quadrados de linho que camponeses chineses usavam para proteger a cabeça do sol, durante o século XV. A qualidade do tecido desse lenço despertou a atenção das francesas, que o adotaram com o nome de *couvrechef* (literalmente, "cobre-cabeça"). O costume chegou à Inglaterra e foi batizado de *kerchief* e, por serem levados na mão enquanto o sol não surgisse e começasse a incomodar, virou *handkerchief*.

Na Europa, mulheres da sociedade utilizavam sombrinhas para abrigar-se do sol, e o diminuto lenço se tornou um detalhe da moda. Durante o reinado de Isabel I (1533-1603), na Inglaterra, os lenços mediam cerca de 10 cm de lado e tinham um charmoso pingente numa das pontas.

Durante o século XVI, começaram as advertências contra o hábito de limpar o nariz em qualquer superfície, geralmente as mangas. O filósofo Erasmo de Rotterdam afirmava ser uma grosseria o ato de limpar o nariz com a manga, o que devia ser feito com um lenço de mão. E foi assim que os lenços passaram a ter uma função definida.

No século XIX o descobrimento de germes no ar, na água e em objetos sólidos, além do aumento da produção de tecidos de algodão a baixo custo, auxiliou a popularizar o uso do lenço.

Leque

Cerca de 5 mil anos atrás, os leques, feitos de papiro, folhas de palmeira ou penas de pavão, eram usados pelas civilizações. No Egito diferenciavam classes sociais; na China refrescavam, em grande variedade de formas e materiais. No Egito antigo, grandes leques de papiro se moviam a força escrava para refrescar seus amos. Pessoas inferiores eram proibidas de pisar na sombra projetada pelos leques no solo. Os chineses, mais democráticos no uso do leque, criaram modelos combinando tecido de seda, armação de bambu e cabo de laca, além daqueles montados com plumas de pavão real, ricos em cores.

Leque dobrável

No século VI o uso do leque foi propagado no Japão, e os japoneses pensaram numa maneira de dobrá-lo para facilitar o transporte. O tecido de seda era colado sobre uma série de varetas achatadas de madeira, acomodadas umas sobre as outras quando fechado e estendidas lado a lado quando aberto, mostrando o tecido pintado.

O leque dobrável foi introduzido na China no século X, onde sofreu valiosa modificação: as varetas achatadas de madeira foram substituídas por lâminas de bambu ou marfim. Para se tornar mais prático, as lâminas foram unidas num dos lados por uma faixa. O leque podia ser aberto e fechado com uma mão apenas, mantendo o princípio das lâminas sobrepostas.

O leque chegou à Europa no século XV, trazido do Oriente por comerciantes europeus. Leques chineses e japoneses eram cobiçados pela aristocracia, em especial aqueles montados com lâminas de marfim unidas por uma faixa de seda branca ou vermelha.

Liberty

O motivo floral miúdo – tradicionalmente conhecido como estampa Liberty – faz sucesso em Londres há mais de um século e sua origem é japonesa. Arthur Lazenby Liberty era um simples vendedor de tecidos quando, em 1862, inspirou-se nas estampas de tecidos japoneses à mostra numa exposição realizada durante o reinado da rainha Vitória, época em que o Japão se abria ao Ocidente. Aliando bom gosto e senso prático, Arthur adaptou os motivos florais à art nouveau e, em 1889, quando de sua viagem para Paris, seu estilo "Liberty" lhe rendeu sucesso.

No século seguinte, após a Primeira Guerra, os sucessores de Arthur diversificaram a ideia da estampa tradicional: flores, folhas e frutos em enorme variedade de cores, sobre fundos claros ou escuros.

Liga

Peça usada ao redor da coxa, acima do joelho ou abaixo dele, para manter a meia esticada na perna. Inicialmente, não havia o elástico, e as ligas eram feitas de fitas ou cordões amarrados, abotoados ou afivelados. Então, seu nome era jarreteira.

No século XIV foi criada a Ordem da Jarreteira, cavalaria instituída na Inglaterra por Eduardo III. De acordo com a lenda, em 1348 Eduardo III dançava com a condessa de Salzburgo durante uma festa na corte quando ela deixou cair a sua jarreteira azul. O rei apanhou-a do chão e, ao devolvê-la, reparou que o ocorrido causou sorrisos e murmúrios entre os participantes do baile. Irado, exclamou: "Desonrado seja quem disso pensar mal". Acrescentou que tornaria a jarreteira azul tão gloriosa que todos a reconheceriam, mas somente pessoas honradas teriam o direito de usá-la. Eduardo III acabava de instituir a Ordem da Jarreteira, a mais alta e mais antiga comenda britânica, cuja divisa é a frase proferida pelo monarca.

No dia 16 de junho de 2008, o príncipe William, segundo na ordem de sucessão à coroa da Inglaterra, foi feito cavaleiro da Ordem da Jarreteira por Elizabeth II. Essa comenda é concedida apenas pela rainha por decisão pessoal. No Brasil, dom Pedro II foi o mais famoso membro da Ordem. Sua condecoração encontra-se exposta no Museu Imperial, em Petrópolis.

Linha Império (ou linha Diretório)

A linha Império é um vestido decotado, com cintura marcada logo abaixo do busto, usado pela imperatriz Josefina durante o Império napoleônico na França. Napoleão impôs à corte um luxo semelhante ao adotado por Luís XIV. Com o estilo grandioso dos reis franceses, Napoleão e Josefina recuperaram o traje da corte, só suplantado pela moda igualitária da Revolução. A criação do luxuoso vestido usado por Josefina em sua coroação é creditado ao pintor Jacques-Louis David. Ele mostra a linha Império sem cintura marcada, com nítida influência greco-romana. Essa criação foi a maior contribuição de David para a moda feminina. Há quem acredite que ele fora desenhado pelo pintor da corte Isabey e confeccionado pelo alfaiate francês Leroy. Entretanto, as linhas do vestido indicam uma característica de David: a influência greco-romana, mostrada em sua tela *Mme. Récamier*, de 1800. O estilo de David – que também redecorou o interior do Palácio de Luxemburgo – desenvolveu-se no período do Diretório (Conselho que governou a França entre 1795 e 1799), daí a linha Império ser conhecida também por linha Diretório.

Jacques-Louis David, *Coroação de Napoleão e Josefina*, 1805-1807.

Linha princesa

Usada em vestidos e casacos (redingotes), baseia-se em recortes verticais, do ombro à barra, sem corte na cintura. Adotada em meados do século XIX, quando crinolinas e anquinhas garantiam o volume das saias. Durante as décadas de 1930, 1940 e 1950, a linha voltou à moda. Sua modelagem permaneceu clássica em modelos para noivas.

Linha saco

Lançada por Balenciaga nos anos 1950, a linha saco foi mostrada em vestidos soltos, ligeiramente afunilados na barra, abaixo dos joelhos. A linha anulava as formas femininas e não favorecia a maioria das mulheres. Era preciso ser alta, magra e com boa postura para usá-la. Apesar disso, marcou o nome de seu criador.

Liseuse

Casaquinho curto, com barra na altura da cintura, para ser usado sobre a camisola. Esse agasalho surgiu no século XIX e era usado durante a leitura feita antes de dormir, o que justifica seu nome (em francês, *liseur* significa leitor e *liseuse*, leitora). O *liseuse* é feito com lã fina, em tricô ou crochê, ou confeccionado com tecidos sintéticos leves e macios. Algumas vezes, mostra modelagem de pelerine.

Lurex

A fibra metálica que marcou a moda dos anos 1970 foi inventada pela Dow Badische Company, de Williamsburg, no estado de Virginia, na década de 1940. O nome já indica a intenção dos criadores, pois a palavra inglesa "lure" significa "atrair, seduzir". Na década de 1970, o fio Lurex era tecido ou tricotado com lã, algodão, náilon, raion e seda, garantindo um efeito luminoso que aparecia nas ruas e em coleções importantes como Versace. O Lurex era visto em vestidos, blusas, suéteres, meias soquetes (usadas com sandálias de saltos altos), meias-calça, cachecóis e luvas, tudo com o brilho que combinava com a juventude.

O Lurex reapareceu na moda em 1998 e 1999.

Luvas

Descobertas feitas em 1922 no túmulo do faraó Tutancâmon mostram luvas enfeitadas com motivos em forma de escamas. Provavelmente eram utilizadas na prática do tiro ao alvo. Outra função era proteger homens e mulheres durante o trabalho e atividades militares.

A necessidade de proteger as mãos motivou seu invento. As primeiras luvas eram de couro. Seu uso foi adotado por persas, asiáticos, gregos e romanos. Na Idade Média as luvas eram exclusivas àqueles com poder eclesiástico, permitindo aos sacerdotes celebrar a missa com mãos "limpas e puras". Na consagração de um bispo, este recebia um anel, um bastão e um par de luvas. O anel era o símbolo da confiança; o bastão, a vara com a qual o pastor conduz o rebanho; e as luvas se destinavam ao ofício divino, realizado por mãos impecáveis. As luvas eram de seda e tinham o dorso ricamente enfeitado, em geral com uma cruz bordada em ouro e pedras preciosas ou outros símbolos cristãos. Nobres também usavam luvas, feitas de pele de carneiro, camurça ou seda. Para a caça ao falcão, eram de couro grosso (geralmente búfalo), cano alto e dorso reforçado, onde a ave descansava.

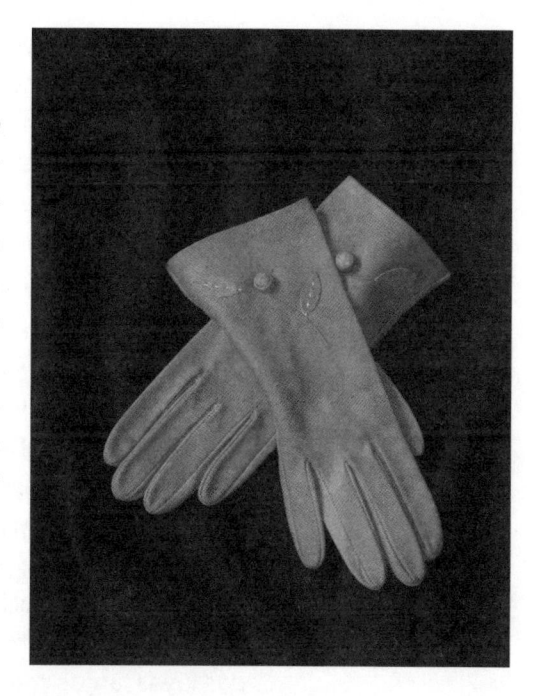

Luvas perfumadas eram um luxo conhecido desde o fim do século XIII, ganhando importância no século XIV, quando as mais famosas provinham da Espanha. Tidas como artigo de primeira qualidade, eram ofertadas como presentes entre a nobreza. Contudo, nem sempre as luvas continham apenas aroma agradável: às vezes traziam veneno. Em 1066, Conan, duque da Bretanha, foi envenenado por um par de luvas. Suspeita-se que Joana D'Albret, mãe do rei Henrique IV, teve o mesmo fim.

No tempo da corte de Napoleão I, o uso de luvas era comum, embora fossem bastante simples. Mesmo as bordadas em 1804 para a coroação de Napoleão e Josefina, não tinham nada de extraordinário. Napoleão tinha mãos pequenas, das quais se orgulhava, e para protegê-las usava luvas, preferindo as de couro macio.

Durante o século XIX, as luvas se tornaram moda. O elegante Brummel fundou, em Londres, o "Clube da Luva". As suas eram perfeitas, confeccionadas por três especialistas: um se ocupava da parte que cobre a palma e o dorso da mão; o outro, dos dedos; e o terceiro, somente do polegar. Na mesma época, em Paris, o conde D'Orsay, árbitro da elegância masculina, estabeleceu que um perfeito *gentleman* não poderia usar menos que seis pares por dia. Sarah Bernhardt, em 1870, lançou a moda das luvas largas, que formavam pregas sobre os braços (os da atriz eram finos demais e, assim, ficavam disfarçados).

No início do século XX, até 1914, luvas com função de proteger eram feitas de couro fino, tanto para damas como para cavalheiros. Na modelagem feminina, apareciam as curtas para o dia e as longas, até os cotovelos ou mesmo ombros, para trajes *habillés*. Após a Primeira Guerra, os trajes se simplificaram e, desde então, as luvas ressurgem esporadicamente como detalhe de moda. Nas décadas de 1940 e 1950, auge do cinema americano, luvas de cano longo eram presença certa nos figurinos de festas. Com a simplificação dos trajes e a descontração de atitude do final do século, as luvas retornaram à sua função primeira: proteção.

Lycra

Em 1958, nos laboratórios da DuPont, nos Estados Unidos, nasceu a Lycra, fibra elástica que substituiria o látex. Sua invenção revolucionou a vestimenta. O fio elástico que, mesmo estirado até seiscentas vezes, recupera seu tamanho inicial, foi adotado por fabricantes de maiôs e roupas íntimas. Nas coleções de maiôs, além de permitir um ajuste perfeito, possibilita o uso de infinita gama de cores resistentes à água do mar, cloro e sol. Nas roupas íntimas, a elasticidade e o conforto são indiscutíveis.

Macacão

O modelo básico é uma peça inteiriça, mangas e calças compridas, com frente fechada por botões ou zíper do umbigo à gola. Inicialmente o macacão foi usado por trabalhadores braçais, mas sua comodidade ampliou o uso às mulheres.

Em 1936, Charles Chaplin usava macacão em seu filme *Tempos modernos*. Por volta dos anos 1940, o traje vestia operários nos Estados Unidos e Europa e, durante a Segunda Guerra, tornou-se uniforme obrigatório em fábricas de munição. Nesse período, no Reino Unido, mulheres trabalhavam na produção de peças de artilharia usando macacões de sarja amarelo-mostarda e turbantes à prova de fogo.

O conforto oferecido pelo macacão foi reconhecido por Winston Churchill, que desenhou um modelo, o "siren suit", sua marca registrada em tempos de guerra. Segundo Churchill, a roupa permitia que ele trabalhasse de modo confortável durante longas horas, sem perder sua autoridade formal. Divulgado por Churchill, o modelo com bolsos amplos e grande capuz se tornaria moda na década de 1960, quando surgiram versões com variedade de bolsos, abas, lapelas e tiras afiveladas, incluindo o modelo com mangas e calças curtas, para momentos de lazer e férias.

Macramê

O macramê surgiu no Oriente Médio, uma evolução de nós básicos usados na criação elaborada de trabalhos decorativos. A peça mais antiga de macramê encontra-se no Museu Britânico: trata-se de um barrado assírio de 2000 a.C. Os nós, executados com tiras de couro, vime, cipó ou capim, eram manuais e, por essa razão, artesãs veem no macramê a forma mais primitiva de artesanato.

Por volta do século XIII, os tecelões turcos se valiam de franjas ornadas de nós como acabamento de toalhas (as *maqramas*). Esse trabalho se tornou tradicional na cultura árabe, e é provável que o nome *macramê* derive de *migramah*, que significa "franja" ou "galão decorativo".

O macramê foi introduzido na Europa pela Itália, trazido pelas Cruzadas, e Espanha, dos mouros vindos de Portugal. A técnica foi usada por marinheiros na decoração de bainhas de faca e alças para garrafas, além de peças de navios, dispersando o macramê pelo mundo.

Com o tempo, o trabalho de nós foi executado com fios diversos e fitas. Há registros de roupas de nobres adornadas com passamanaria de macramê a partir do século XVI. Na segunda metade do século XVII, quando Guilherme de Orange subiu ao trono da Inglaterra, sua esposa Mary ensinou macramê às damas da corte. O artesanato se popularizou e assim permaneceu até o final do período vitoriano (1901). Nessa época, o macramê era trabalhado com linha muito fina, com o objetivo de obter qualidade similar à renda. Era comum ver nos lares ingleses peças de macramê enfeitando o parapeito da lareira, o piano, abajures e vestuários femininos.

No século XIX, dos arredores de Gênova, artigos de macramê eram exportados para a América do Sul e Califórnia. A técnica não era novidade na América, introduzida no México por espanhóis e conhecida dos índios da costa leste do Canadá, que a aprenderam dos navegadores franceses.

Hoje, o macramê é usado na confecção de bolsas, barrados, cintos e bijuterias. Para redes, cortinas e painéis decorativos são utilizadas cordas, barbantes mais grossos e lãs.

Maiô

Cansadas de mergulhar exageradamente vestidas, as mulheres mudaram em 1912, depois da ousada campeã de natação Annette Kellerman nadar de maiô inteiriço, de malha e sem mangas, idêntico aos dos homens, nos Jogos Olímpicos de Estocolmo. Mas só na década de 1920 a inovação invadiu as praias, apoiada por jovens de cabelos curtos expostas ao sol. As peças que vestiam eram de lã, e o material usado na confecção de maiôs só mudou com o desenvolvimento de novas fibras.

Em 1946 Jacques Heim inventou o duas-peças, e, quatro anos depois, a instituição das férias remuneradas motivou pesquisas de novos materiais. O cinema ajudou: Esther Williams e o cinema em cores inspiraram modelagens que afinavam e alongavam a silhueta.

Em 5 de julho de 1946 o industrial Louis Réard lançou um duas-peças tão minúsculo que nenhuma modelo ousou apresentá-lo, tarefa aceita pela dançarina Michele Bernardini, do Cassino de Paris, que vestiu a calcinha com cordões amarradinhos dos lados e o sutiã composto por triângulos presos às alças. Estava lançado o biquíni.

Em 1958, a Lycra ajustou o maiô ao corpo e lhe deu elasticidade e cores belíssimas, resistentes à água salgada, ao cloro e ao sol, e seu tamanho se reduziu ao fio dental. No inteiriço, cavaram decote e cavas.

Manga balão

Volumosa na parte superior do braço e ajustada do cotovelo até o pulso, a manga balão foi muito usada no século XIX.

Manga bufante

Esse modelo pode ser bem curto, atingir o meio do braço ou chegar aos cotovelos. Franzida e presa ao ombro e na barra, cria um efeito cheio. Foi usada no século XIX, inclusive em trajes de gala. No século XX apareceu em roupas femininas para o verão, especialmente em modelos infantis. No verão de 2008 ressurgiu de forma passageira, curtinha em blusas, batas e vestidos.

Manga dólmã

Também conhecida como manga morcego, ela não possui cava, sendo formada pelo prolongamento horizontal do corpo do modelo, com uma costura na parte inferior que afunila da cintura ao punho. Muito usada nos anos 1930 em blusas, vestidos, casacos e modelos para a noite.

Manga pagode

Lembrando o formato de um pagode, essa manga três-quartos ou na altura do cotovelo foi moda na metade do século XIX. O modelo mostrava várias carreiras de babadinhos, e, em sua barra, o formato era realçado por babados sobrepostos ou um único e grande babado. Era enriquecida por fitas e laços.

Manga presunto

Franzida ou pregueada junto ao ombro, a manga mostra volume na parte superior, ajustada do cotovelo ao pulso. Muito usada no final do século XIX, foi relembrada na década de 1960 e início dos anos 1970, evidenciando o estilo eduardiano.

Manga raglã

Sem cava, a manga raglã é presa à blusa por costuras diagonais, na frente e atrás, que partem do decote e terminam num ponto central sob o braço. Pode ser composta por duas partes, unidas por costura superior central do decote à barra, ou formada por uma única peça, moldada por uma espécie de pence sobre o ombro. O nome "raglã" vem do Lord Raglan, comandante britânico na Guerra da Crimeia (1853-1856), que usou na ocasião um casaco caracterizado por mangas presas ao corpo da vestimenta por costuras diagonais do pescoço até embaixo do braço.

Meia-calça

Inicialmente de uso exclusivamente masculino, o protótipo da meia-calça agasalhava soldados na Mesopotâmia há cerca de 2.200 anos. Costurada atrás, ela amenizava o rigor do inverno e facilitava a montaria, motivos de sua adoção também pelos soldados romanos.

No século VI eram tecidas como peças tubulares em lã ou algodão, ainda de uso exclusivo dos homens. No século XIV as meias-calças usadas pela nobiliarquia passaram a servir de objeto de competição pelos materiais utilizados em sua confecção e pelos bordados ostentados. No início do século XVI a peça era usada pelas mulheres como agasalho, mas se mantinha oculta por ser considerada indecente. Em 1520 Isabel de Castela, que financiara a expedição de Colombo, escandalizou ao usar, pela primeira vez, meias-calças durante uma montaria.

Na Rússia do século XVIII, durante o reinado de Catarina, a Grande, meias de malha aderente valorizavam os dotes masculinos e eram meios de sedução. Em 1780 os homens abandonaram seu uso, e as meias, tecidas com malha mais fina, se tornaram acessório feminino.

Enquanto a meia-calça tinha a função de agasalhar e proteger, a meia sustentada por presilhas elásticas se identificou com moda, beleza e sedução. No século XX havia meias industrializadas de seda e náilon, e a meia-calça foi relembrada nos anos 1960 com o surgimento da minissaia. Confeccionadas com fibras sintéticas, ofereciam elasticidade e maciez e eram comercializadas numa enorme gama de cores. As meias-calças transparentes, ultrafinas e em tons naturais são clássicos do vestuário feminino.

Meias

Consideradas a peça do vestuário mais antiga de que se tem conhecimento, as meias já eram usadas pelos coptas, como ficou provado por meio de achados em escavações. Tricotadas, eram usadas apenas pelos homens.

No século I sua única função era proteger. As meias envolviam pés e tornozelos, permanecendo escondidas dentro dos calçados. Não tardou para as meias subirem até os joelhos, mas seu uso constrangia, pois quem as exibisse sem botas era considerado afeminado (isso se intensificou ainda mais quando as meias se alongaram até o alto das coxas).

No século V a Igreja Católica adotou meias de linho branco que cobriam os joelhos como parte da vestimenta litúrgica do sacerdote. Mosaicos da época documentam seu uso nas figuras de clérigos romanos.

No século XI, as meias ajustadas se popularizaram, e, no século XIV, cobrir as pernas se tornou necessidade, pois o comprimento das saias usadas pelos homens atingiam o joelho ou o meio da coxa. Eles vestiam calças semelhantes às meias-calças femininas de hoje, mostrando os contornos das pernas, nádegas e entrepernas. Foram condenadas pela Igreja.

O interessante dos séculos XIV e XV é que tornou-se moda usar calças (ou meias) com pernas de cores diferentes. A ideia se originou do La Compagna della Calza, grupo de homens que se apresentava em espetáculos públicos vestidos com jaquetas curtas, chapéus com plumas e uma perna de cada cor. Não tardou para o vistoso traje ser copiado pelos jovens italianos.

Referências a meias femininas são raras até o século XVI, talvez por suas pernas estarem sempre cobertas por longas saias e pelo fato de as pernas femininas, naquela época, serem objeto privado de admiração. Nessa época, os espanhóis ficaram conhecidos por produzir belas meias, acessíveis apenas às damas ricas e visíveis somente aos membros próximos da família. Um episódio narra que a representação de certa cidade ofereceu um par de meias de seda como presente de casamento à rainha Ana da Espanha, escutando do mestre de cerimônia palacial a seguinte frase: "As rainhas de Espanha não têm pernas".

A indústria da meia

Na segunda metade do século XVI a rainha Elisabeth I da Inglaterra incentivou suas súditas a tricotarem meias de lã para amenizar o inverno. A soberana, em seu terceiro ano de reinado, ganhou seu primeiro par de meias tecidas com fio de seda. Elas agradaram a soberana de tal forma que ela decidiu não usar outro tipo pelo resto da vida.

Ainda durante o reinado de Elisabeth I, embora a arte da tecelagem já existisse, o reverendo William Lee inventou um tear para meias em 1589. Pela primeira vez, as meias podiam ser fabricadas mecanicamente, a partir do entrelaçamento de um único fio. Foi o início da indústria da meia, que logo chegou à França.

Entre 1550 e 1650 a Espanha ditava a moda na Europa, especialmente a masculina, e era fundamental meias que não enrugassem nas pernas. As meias ajustadas combinavam com calças curtas, bem recheadas para ficarem redondas, atingindo o meio das coxas.

A tecelagem de meias desenvolveu-se principalmente na Alemanha. Berlim, por volta de 1700, possuía 32 fábricas de meias. Nas casas, tornou-se hábito tricotar meias.

Meias de seda

O uso de meias finas estava relacionado à moral do usuário, ao menos nas pequenas cidades com rigorosos padrões de decência. Meia florida era traje de gente suspeita. Meias de seda, então, indiciavam uma grande pecadora. No entanto, na Paris do século XIX, onde as meias pretas de rede faziam o furor no cancã, esse prejulgamento não existia.

No final do século XIX e início do século XX os espartilhos vinham acompanhados de tiras elásticas com presilhas nas pontas, sustentando meias brancas ou pretas. No fim da Primeira Guerra, as saias encurtaram, as pernas foram valorizadas e as meias pretas e brancas deram lugar às "meias de luxo". Tecidas com fio de seda, possuíam delicados bordados laterais. Em 1930 a cena mais aguardada do filme *O anjo azul*, era quando Marlene Dietrich cantava e estendia suas longas pernas revestidas com meias de seda presas a cintas rendadas.

Meias de náilon

Graças ao náilon, problemas de elasticidade e resistência foram solucionados, o preço ao consumidor diminuiu e as vendas aumentaram.

Em 27 de outubro de 1938 a Du Pont anunciou a descoberta de um material sintético que superava em resistência e elasticidade qualquer fibra têxtil conhecida até então. O náilon e a televisão foram as duas grandes novidades apresentadas na Exposição Mundial de 1939, em Nova York. A chegada ao mercado foi demorada, pois, em plena Segunda Guerra, toda a produção norte-americana de náilon se destinava aos paraquedas e roupas de combate.

A estratégia de marketing das meias de náilon se iniciou bem antes de seu lançamento. A Du Pont enviou bobinas de fio de náilon às indústrias selecionadas do setor, que concordaram em tecê-lo de acordo com especificações da própria Du Pont. Meias foram distribuídas em pontos de comércio, sob a promessa de não serem vendidas antes do "Dia do Náilon", marcado para 15 de maio de 1940.

A expectativa foi tanta que os jornais informaram que nunca um lançamento de bem de consumo causara semelhante alvoroço. Filas de compradoras se formaram antes do comércio abrir as portas. Os estoques logo se esgotaram, pois os comerciantes não imaginaram tamanho tumulto e disputa pela mercadoria. Até o final daquele ano foram vendidos três milhões de dúzias de pares de meias de náilon.

Mais resistentes que as meias de seda, as de náilon, dada sua escassez, eram tratadas com cuidado. Em pouco tempo suas predecessoras foram esquecidas e as pernas femininas passaram a ser exibidas como em nenhum outro momento da história.[1]

Militar

O estilo inspirado em uniformes militares é mostrado principalmente em jaquetas e casacos bem talhados e com detalhes característicos: dragonas, bolsos e lapelas, botões de metal e cintos afivelados. Apareceu no final dos anos 1930 e nos anos 1960.

Minissaia

A influência das ruas no trabalho dos estilistas fez surgir a minissaia nos anos 1960. A juventude ansiava por algo diferente da moda da década anterior. Mary Quant, estilista inglesa, cortou suas saias compridas pela metade. Empolgada, cortou-as um pouco mais curtas: nascia a minissaia.

---

[1] Cf. Charles Panati, *Las cosas nuestras de cada día* (Barcelona: Ediciones B, 1988).

Em Paris, André Courrèges lançou o novo comprimento em passarelas. Na metade da década de 1960 a moda estava consagrada. Com ela vieram os suéteres canelados, os cintos largos apoiados nos quadris e as meias-calças coloridas.

Mitene

Em 1850, mitene era uma luva de renda ou rede sem as pontas dos dedos. Aos poucos, a luva passou a ser feita com outros materiais como lã, suedine e couro, usada em ocasiões informais, como dirigir automóveis e bicicletas.

Mocassim

A modelagem do mocassim tem raízes artesanais, no trabalho dos índios norte-americanos: a mesma peça de couro que formava a sola subia pelas laterais e pontas dos pés, costurada com pontos externos.

Cômodos, baixos e leves, com visual esportivo e jovem, em 1920 os mocassins eram calçados típicos dos estudantes norte-americanos. Os anos se passaram, e o desenho básico se manteve invariável. Vários designers acrescentaram detalhes característicos de suas grifes ao modelo básico: os mocassins da francesa Weston até hoje ostentam dois pompons de couro pingentes; os da italiana Gucci se caracterizam pelos enfeites de metal.

Mule

Chinelo de quarto, com salto, fechado na frente e sem calcanhar, usado desde os anos 1940. Na década de 1990 o nome *mule* foi usado para identificar um tipo de calçado feminino com a mesma modelagem, de uso cotidiano.

Mule de cetim, usada com meia rendada. Passarela de Hervé Léger, Paris, março de 2001.

Négligé

O *négligé* pode ser comparado ao penhoar, porém com características próprias: amplo, confeccionado em tecido fino e enfeitado com rendas, fitas e babados, foi usado no século XIX por mulheres ao tirar os espartilhos durante trocas de roupas. Hoje *négligé* designa um penhoar muito fino, geralmente em conjunto com camisola.

Nesga

Encaixe evasê cuja finalidade é dar amplidão à peça; pode ser costurado a uma saia, manga ou basque. No século XIX as saias nesgadas eram moda. Na década de 1930 foram relembradas – as nesgas encaixadas nas saias tinham as pontas finas junto à cintura e as extremidades largas na barra, garantindo amplidão. Nos anos 1970 nesgas foram usadas para dar amplidão às barras das calças boca-de-sino (ou pata de elefante).

Óculos Ray-Ban

Em 1920, o tenente MacCready acabava de atravessar o Atlântico num balão, e encomendou à Bausch & Lomb, firma fundada em 1853 em Nova York, um tipo de óculos que protegesse seus olhos dos raios solares, pois ele padecera durante a travessia com a luminosidade e o vento. Os técnicos inventaram uma lente verde, e os óculos Ray-Ban ("que bane os raios") foi comercializado em 1937. Leve e com armação em metal, suas lentes oferecem o máximo em campo visual. Em abril de 1999 a Bausch & Lomb foi incorporada pela italiana Luxottica. Atualmente, os Ray-Ban são comercializados com lentes de outras tonalidades.

Ombreira

A preocupação com a parte superior das roupas das atrizes de cinema – decote, gola, ombros, mangas e ombreiras –, evidenciada nos *closes*, era grande. O figurinista norte-americano Gilbert Adrian criou um vestido para Joan Crawford vestir no filme *Redimida* (1932) cujo modelo foi dos mais copiados da história do cinema. O vestido, de organdi branco, era um modelo para noite, com mangas de babados e ombros evidenciados por ombreiras costuradas na parte interna. O uso de ombreiras virou moda e continuou nos anos 1940. Depois, retornou na década de 1970, para tornar-se verdadeira febre nos anos 1980.

Paletó

A palavra paletó (do francês *paletot*) já designou diversas peças do vestuário. No começo do século XIX indicava uma peça que lembrava um casaco de montaria masculino, uma sobrecasaca que atingia quase os joelhos, com abotoamento simples e costura horizontal na altura da cintura. Por volta de 1850 firmou-se como sobretudo pesado, três-quartos, levemente acinturado. Na segunda metade do mesmo século o termo indicava um casaquinho feminino, ajustado, que chegava à cintura ou cobria os quadris, feito de lã leve ou *cashmere*, sempre bordado. No século XX paletó indica casaco masculino próprio para ocasiões formais, com barra na altura dos quadris e bolsos externos.

Paletó de montaria

Desde o século XIX o paletó usado em montaria é ajustado, amplo abaixo da cintura, com abotoamento simples e fenda na parte posterior.

Palheta

Chapéu de palha redondo e rígido, com aba reta e copa achatada, geralmente contornada por uma fita. Na França, é conhecido por *canotier*. Criado nos anos 1880, tornou-se popular durante o século XIX e início do século XX, apreciado por ciclistas e esportistas em geral. Do final do século XIX até os anos 1940, denominado *boater*, fez parte do uniforme de remadores, complementando blazers listrados e calças de flanela. Na década de 1920 compôs uniformes de escolas femininas na Inglaterra. Hoje faz parte do cenário turístico de Veneza: a palheta com fita vermelha, a camiseta listrada e a calça preta constituem o uniforme dos remadores das gôndolas que percorrem seus canais.

Parca

Agasalho com capuz, semelhante ao anoraque, porém um pouco mais comprido (comprimento três-quartos). Nos anos 1950 e 1960 era feito de náilon, acolchoado ou não. Nos anos 1970 sua modelagem, mais curta, foi usada em versão leve para velejar e permanecer à beira-mar. A parca era confeccionada em tecido leve, como o indiano (tecido de algodão, similar ao *chiffon*, um pouco mais crespo e semitransparente), e tinha barra com cordão que franzia quando amarrado.

Passamanaria

Tira enfeitada de tecido com larguras variadas, usada no adorno ou acabamento de roupas, móveis e cortinas. Pode ser feita no tear, com fios de seda ou similares, ou trançada à mão, com fios de lã. A passamanaria era característica de Chanel, que a utilizava em seus tailleurs.

Patchwork

Palavra nascida da união de "patch" (retalho) e "work" (trabalho). Trata-se de uma técnica de trabalho manual usada pelo homem antes do aparecimento dos tecidos, quando se emendavam peles de animal para confeccionar roupas. A peça mais antiga elaborada em *patchwork* é do ano 600 a.C. e encontra-se no Museu do Cairo. Na China, Índia, Turquestão, Pérsia e Síria também se usava a técnica para produzir mantas e recuperar partes desgastadas das roupas.

Na Idade Média o *patchwork* chegou à Europa, protegendo os cavaleiros sob as armaduras de ferro. Os nobres, durante o inverno, usavam vestimentas feitas com camadas de linho, lã, algodão ou seda, enriquecidas por bordados. A aplicação de tecidos diversos passou a aparecer em bandeiras regionais e estandartes de famílias eminentes.

Na Inglaterra, Alemanha, França e Itália a técnica foi usada para confeccionar tapetes e acolchoados, e o *patchwork* se aliou ao matelassê visando efeito almofadado.

O *patchwork* chegou à América durante a colonização dos Estados Unidos, trazido por famílias inglesas e holandesas. As primeiras peças norte-americanas foram cobertas rústicas feitas com retalhos de roupas velhas, sobras de lã e algodão, usadas pelas caravanas em direção ao Oeste.

A técnica de unir retalhos para criar novas peças foi importante na socialização das mulheres norte-americanas. Elas se reuniam e trabalhavam juntas, montando colchas para famílias carentes ou elaborando peças para enxovais de casamento. O *patchwork* aliado ao *quilt* (união de dois tecidos por costura para formar um volume) mostrou-se especial: dela, nasceram as cobertas acolchoadas *quilts*, tradicionais até hoje. Sua parte superior é formada por quadrados de tecido trabalhado, costurados uns aos outros. *Quilts* de nascimento, casamento e relacionados a datas comemorativas foram criados por mãos habilidosas.

Essa arte permitiu a parte das mulheres – especialmente as da comunidade *amish*, nos Estados Unidos – amenizar a rotina austera em que vivem, exprimindo sua imaginação em peças originais. Entre os *amish* são usados unicamente tecidos de algodão de fabricação própria, tingidos com corantes naturais e unidos em motivos geométricos.

A valorização do artesanato nos anos 1970 redescobriu os velhos *quilts*, que, com desenhos tradicionais, competiam com criações contemporâneas. Nos anos 1960 esse trabalho artesanal foi usado no vestuário *hippie*.

Pelerine

Capa que protege as costas e cobre os ombros, muito usada por mulheres na metade do século XIX. Sua modelagem foi baseada nas capas usadas por peregrinos: curta atrás, chegando à altura da cintura, e longa na frente, com as duas partes chegando ao meio da perna. Era feita de lã ou outro tecido grosso, e usada como agasalho. No final do século XIX, surgiram pelerines com comprimentos iguais na frente e nas costas. Eram feitas com tecidos leves e montadas com babados de renda. Em meados do século XX, pelerines de tricô ou crochê, feitas com lã fina e cores claras, foram usadas como *liseuses*.

Penhoar

A palavra penhoar vem do francês *peignoir* (penteador). É uma peça confortável, aberta na frente, com mangas curtas ou longas, com barra abaixo dos joelhos ou na altura dos tornozelos, usada sobre a roupa de dormir ou a roupa de baixo. O penhoar era utilizado no século XVI, quando as mulheres arrumavam os cabelos antes de se vestir. No século XIX era feito de algodão ou outro tecido leve, enfeitado com babados e entremeios de renda e fitas. Com a chegada das fibras sintéticas na metade do século XX, a peça perdeu os babados, laços e rendas. Hoje o penhoar tornou-se uma peça prática usada ao sair do banho, no lugar do roupão de tecido felpudo.

Pijama

Palavra que deriva do persa *pae-jamah*, que significa "roupa que cobre as pernas". No século XIX, colonos ingleses observaram o conforto das roupas dos hindus e árabes e as adaptaram para as roupa de noite, sendo batizadas "pyjama" e consistindo de uma calça com modelagem folgada e uma blusa tipo paletó com faixa na cintura. Essa novidade só seduziu os homens nos anos 1930. Nas décadas de 1920 e 1930 o pijama foi usado por mulheres em versão requintada, para festas, e na versão esportiva, para praia. O uso do pijama feminino apareceu no cinema com Claudette Colbert, contracenando com Clark Gable em *Aconteceu naquela noite* (1934).

Plataforma

Pesquisas indicam que o uso da plataforma em calçados femininos se iniciou no século XV. A plataforma, feita de madeira ou cortiça, originou-se na Turquia, e calçados com plataformas altíssimas foram usados por damas elegantes da República de Veneza, que mantinha relações comerciais com a Turquia. Na Espanha tornou-se tão popular que quase esgotou a cortiça do país. Sua plataforma, forrada com tecido ou couro, era enfeitada com pedrarias e fios de ouro. A altura das plataformas chegou a 52 cm (no Museu da Fundação Bata Shoe, há referência de modelos com 77 cm). As damas necessitavam de duas criadas para se apoiar e poder caminhar com relativa segurança. Esses calçados eram usados por

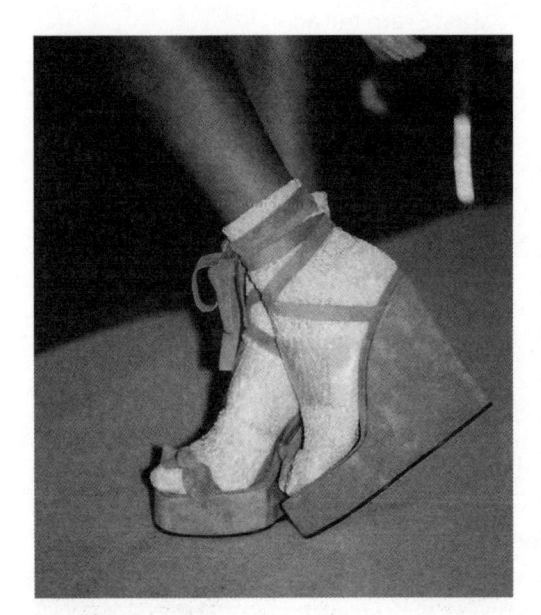

A sandália com plataforma e salto anabela, usada com meia soquete, chamou atenção na passarela de Dior, março de 1997.

pessoas da alta sociedade, com a função de aumentar a estatura e proteger os pés da lama e da água suja das ruas. O uso de plataformas foi proibido pelo bispo de Talavera, que qualificou suas usuárias de "depravadas e libertinas". Plataformas com estruturas mais simples foram usadas pelas classes populares com a função de proteger os pés do barro ou da umidade.

No século XX as plataformas voltaram à moda. Salvatore Ferragamo, estilista italiano de calçados, criou em 1938 uma belíssima sandália com plataforma formada por gomos para Judy Garland. Carmem Miranda se encantou com as plataformas com 10 cm de altura criadas por Ferragamo e as adotou. André Perugia e David Evins também contribuíram para a sensação do sapato com plataforma nos anos 1930.

Plissê

Plissê é uma série de pregas feitas num tecido, geralmente com máquina própria. Graças à ação do calor, elas não se desmancham, tornando o tecido "plissado".

O mais antigo tecido plissado data de 2000 anos a.C., encontrado em tumbas egípcias e atualmente no museu do Louvre, em Paris. Trata-se de uma túnica de linho plissado horizontal, com mangas longas. Não se sabe exatamente como o tecido foi plissado, se à mão ou com auxílio de misteriosas pranchas de madeira com superfícies cobertas de depressões com encaixes. O trabalho foi realizado com o tecido molhado. Após o final do século XIX pelo menos quinze roupas do mesmo modelo foram encontradas em escavações.

Valentino se valeu do plissê *soleil* para obter o vestido ajustado no quadril e amplo na barra. Paris, março de 1999.

O uso do linho plissado nas cortes faraônicas é documentado no forro do encosto do trono de Tutancâmon (1340 a. C.). Museu do Cairo.

A técnica do plissê também foi usada na elaboração de leques de tecidos finos (seda e organza). Antes da invenção da forma para plissar, as dobras do tecido eram feitas uma a uma, manualmente, o que nem sempre resultava num trabalho preciso. Em 1760 a forma para plissar foi inventada por Petit e aperfeiçoada em 1847 por seu descendente, Edouard Petit. Inicialmente, as formas eram feitas de duas folhas de papelão plissadas, entre as quais era colocado o tecido escolhido para formar o leque. O conjunto era prensado com força num ambiente úmido, a fim de obter um bom plissado. Essas formas tinham tamanhos variados, de acordo com as armações dos leques. Edouard Petit fez as formas em madeira, mas também existem as de papelão.

O plissê foi muito usado em vestidos de baile no final do século XIX, principalmente o chamado plissê *soleil*, cujas pregas são mais estreitas na cintura e se alargam em direção à barra. Nas décadas de 1920 e 1950 o plissê foi relembrado, tanto o *soleil* como o acordeão, com preguedo estreito e regular. Nos anos 1950 e 1960 a entrada dos tecidos sintéticos na moda colaborou para a volta do plissado. Foi a época da saia de tergal plissada, usada com conjunto de *banlon*.

Pochete

A pequena bolsa levada a tiracolo ou presa ao cinto, conhecida por pochete, nada mais é que uma variação do alforje usado na Antiguidade e que originou a bolsa. O alforje era preso à cintura ou carregado nos ombros. A pequena bolsa fechada por cordões era usada para carregar dinheiro e pequenos objetos, escondida sob a roupa. Os cordões que franziam sua abertura se prendiam ao cinto ou eram amarrados em volta da cintura.

Até a Idade Média a pequena bolsa que carregava dinheiro, pente, tesoura, espelho e pinça continuou escondida. Feita de couro ou tecido bordado, ela se assemelhava à esmoleira dos nômades, trazida do Oriente pelas Cruzadas. A partir do século XVI, com a moda das roupas amplas e volumosas, a pequena bolsa foi costurada internamente nas saias, que tinham uma pequena abertura para entrada da mão. Não tardou para que a abertura fosse costurada à "bolsa", surgindo os bolsos.

Em 1880, o bolso retrocedeu e ressurgiu a pochete, formada por duas partes retangulares de tecido ou couro, com abertura franzida por cordão. Foi usada no século XX, aperfeiçoada com fechos e zíperes.

Pochete bordada, feita com o mesmo tecido da roupa. Desfile de Kenzo, Paris, fevereiro de 1998.

Polo Lacoste

A camisa de malha com mangas curtas, gola e frente abotoada por dois botões e um pequenino crocodilo na lateral nasceu de uma casualidade. Em 1923 o tenista francês René Lacoste, então com 19 anos, excursionava pela América do Norte com a equipe francesa da Copa Davis quando se encantou por uma linda maleta de pele de crocodilo exposta numa vitrine. Lacoste disse aos seus companheiros que, se ganhasse as próximas partidas, compraria a maleta. Lacoste perdeu, não comprou a maleta e foi apelidado "crocodilo" pelos companheiros.

Lacoste gostou da brincadeira e, ao confeccionar um novo blazer, pediu que bordassem um crocodilo no bolso superior. Em 1929 ele se retirou do tênis e, quatro anos depois, começou a desenhar camisas para jogadores de tênis com o pequeno crocodilo aplicado na lateral.

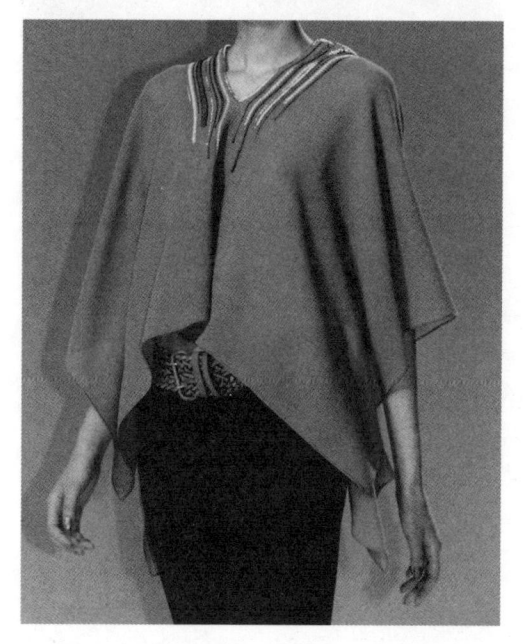

Poncho

Peça quadrada ou retangular de tecido de lã, com uma única abertura central para a cabeça. O poncho é típico do México e outros países da América Latina. No Brasil é usado no Rio Grande do Sul. No final dos anos 1940 o poncho tornou-se popular nos Estados Unidos e na Europa. Nos anos 1960 seu uso foi relembrado pelos hippies.

Prega embutida (ou fêmea)

Prega com pouca altura, encaixada próximo à bainha da parte posterior ou lateral de uma saia justa, proporcionando amplidão. Foi usada em saias de tailleurs dos anos 1930, 1940 e 1950.

Poncho de crepe de lã com bordado em relevo junto à abertura central. Kenzo, Paris, outubro de 2000.

Prega faca

Pregas agrupadas, tombadas de um só lado, com vincos marcados a ferro numa saia ou vestido. Foram muito usadas no final do século XIX. No século XX apareceram nos trajes femininos entre os anos 1920 e 1960. A saia pregueada com prega faca foi fundamental em uniformes escolares.

Pretinho

Esse curinga que veste a mulher de manhã à noite e permite variações inspiradas nos acessórios é criação de Chanel, publicada em 1926 na *Vogue*.

Antes da década de 1920 o preto era usado somente por senhoras de luto. Nos anos 1930 o vestido preto foi um achado: vestia de maneira correta e sem ostentação, ideal para mulheres que alternavam entre casa e trabalho.

O pretinho não perdeu o trono mesmo após o final da Segunda Guerra. Ele resistiu ao New Look de Christian Dior e se transformou em coqueluche na década de 1950, usado com pérolas e estola de pele. Em 1961, com *Bonequinha de luxo*, estrelado por Audrey Hepburn, veio a consagração. Jacqueline Kennedy foi uma entre as muitas adeptas famosas.

Hoje ele ainda é o básico perfeito para qualquer ocasião. Durante o dia, entre compras e trabalho, faz-se acompanhado por acessórios esportivos e coloridos. À noite, ganha produção esmerada e garante sucesso em eventos especiais.

Regalo

Agasalho para as mãos, de formato cilíndrico, feito de pele e usado em países frios, o regalo teve seu ápice no final do século XIX e início do século XX, quando lembrava pequenas almofadas. Além de pele, era feito de seda, cetim, tafetá ou tecidos mais resistentes, como lã ou gabardine, recheado com plumas. Muitos eram bordados ou enfeitados com rendas. O regalo também era usado como algibeira.

Karl Lagerfeld, responsável pela criação na Maison Chanel desde 1983, resgatou a imagem do regalo, acrescentando-lhe fina corrente dourada. Coleção outono-inverno Chanel, Paris, março de 2001.

Relógio de pulso

Desenvolvido em 1907 por Cartier, a pedido de Santos Dumont, que, durante seus voos, sentia a necessidade de ter um medidor de tempo sempre à vista. Cartier, em 1931, desenvolveu também um modelo de luxo à prova d'água.

Relógio Swatch

Fala-se em relógio, lembra-se da Suíça; fala-se em Suíça, lembra-se de relógio. Este elo, reconhecido mundialmente, ameaçou ficar balançado quando réplicas de famosas marcas vindas do Sudeste Asiático começaram a invadir o mundo. A fama da precisão dos produtos suíços não podia ser abalada, sem falar na garantia do mercado mundial.

Em 1983 nascia o "Swatch", com centenas de modelos concentrando tecnologia racional e marketing sofisticado. Os melhores designers do mundo incluíram no Swatch as últimas tendências da moda. Pintores como Kiki Picasso também colaboram em obras com tiragens limitadas, itens de colecionador. Os modelos são variados: transparentes, de fundo rendado, com formato de periscópio, com cores únicas, bicolores, tricolores ou coloridíssimos, em caixas chatas e finas. A Suíça fez do Swatch símbolo de relógio de pulso. Em cada modelo notam-se as contradições essenciais da moda: austeridade e loucura, eterno e efêmero.

Robe

A palavra, simplificada do francês *robe de chambre*, indica um roupão usado ao sair do banho ou entre trocas de roupa. Similar ao penhoar, no início do século XIX ele perdeu seus enfeites supérfluos, como babados e fitas, simplificando-se. O robe tem modelagem simples, costuras retas, frente abotoada ou transpassada, mangas longas ou meia manga e comprimento variado: abaixo do joelho ou no tornozelo. Pode ser feito de lã, piquê de algodão ou outro tipo de tecido pesado, pois tecidos leves são reservados aos penhoares. No século XX os robes deixaram a intimidade dos quartos para serem usados em toda a casa, especialmente no inverno, em momentos de descontração.

Roupa íntima

Antes do século XIX peças íntimas não eram habituais e, quando usadas, eram bem simples: uma camisa folgada e um calção. A mudança se deu quando busto e cintura foram modelados pelos espartilhos. Sua evolução foi influenciada pelo pudor da Era Vitoriana (1819-1901), pelo surgimento de tecidos mais finos e por conselhos médicos, que alertavam sobre doenças causadas por germes. Louis Pasteur e sua teoria dos germes foram de grande valor para isso. Por volta de 1830 a importância da roupa íntima foi reconhecida e seu não-uso passou a ser visto como indecente e imoral, um atentado aos bons costumes.

Por baixo da roupa, a mulher vestia peças confeccionadas com batista, flanela branca ou calicó (tecido de algodão indiano), com estampas miúdas. A partir de 1880 a maciez da seda tornou-a o tecido preferido para roupas íntimas.

Nessa mesma década médicos proclamaram os benefícios da roupa íntima feita de lã, causando transtornos entre os fabricantes europeus e norte-americanos. O "Movimento da Lã" começou na Grã-Bretanha, apoiado por Gustav Jaeger, ex-professor de fisiologia na Universidade de Stuttgart e fundador da Jaeger Company, fabricante de roupas de lã. Segundo ele, roupas íntimas de lã, sem tingimento, apesar de ásperas, eram porosas e benéficas, permitindo que a pele "respirasse".

Hoje, após um século de mudanças nas modelagens e inclusões de novos tecidos, as roupas íntimas oferecem conforto e beleza. As qualidades do algodão puro em contato com a pele são enaltecidas, mas os *stretchs* revolucionaram o setor.

Roupa para dormir

No século XVI, os trajes diurnos eram suntuosos, mas apertados e incômodos, acompanhados de perucas empoadas, quentes e pesadas. Vestir algo largo e confortável para dormir era um luxo. Eram as chamadas "camisas de noite" ou "camisas de dormir". Amplas, chegando aos pés, com mangas largas e abertas na frente, eram usadas por homens e mulheres (algumas vezes, havia um cinto ou bordado nas peças femininas).

A diferença surgiu com o *négligé* para as mulheres (século XVIII). A própria palavra evidencia sua função: *négligé* significa descuidado, preguiçoso. O *négligé* ajustado, geralmente de seda, com recortes ou plissados, era usado para dormir ou permanecer em casa de modo informal e descontraído.

Enquanto as mulheres usavam o *négligé*, os homens se livravam de calças e cintos apertados e permaneciam com o camisão que, durante o dia, era usado como roupa de baixo.

Nessa época, tornou-se popular uma calça larga inspirada naquelas usadas pelas mulheres dos haréns persas. Chamada de pijama, derivada do persa *pae* (presente para a perna) e *jama* (roupa). Usada com a camisa de dormir, as peças eram confeccionadas com tecidos diferentes, incluindo cor e estampa. Quando feitas com o mesmo tecido, se transformaram no conjunto conhecido por "pijama".

Na década de 1920, os homens vestiam pijamas, e as mulheres, uma peça intermediária entre as longas camisas e os sensuais *négligés*: a camisola, que, a despeito do charme e beleza, não era uma imposição. Algumas mulheres transformaram o clássico pijama em algo intrigantemente feminino, confeccionados com tecidos macios e escorregadios, como o cetim.

O *baby-doll*, composto por calcinha e blusa curta, foi um sucesso na década de 1950. No mesmo período, o pijama masculino ganhou calças curtas, e os botões da frente da blusa, um incômodo para muitos, deixaram de ser obrigatórios. Com um simples decote em V e pernas livres, os homens passaram a ter direito a um sono mais reparador. (Ver também o verbete "Pijama".)

Roupão

Robe e roupão são parecidos na modelagem, mas o roupão é sempre feito de tecido felpudo, com frente transpassada e faixa na cintura, próprio para o uso ao sair do banho.

Saariana

Oriunda do francês *saharienne*, indica uma jaqueta no estilo safári, inspirada nos uniformes que os soldados ingleses usaram na África do Sul entre 1899 e 1902. No início do século XX a jaqueta foi usada por exploradores em expedições pelas savanas e desertos africanos.

A tonalidade bege era ideal para camuflar a presença de estranhos na paisagem das savanas empoeiradas. Em 1968 Yves Saint Laurent relembrou as saarianas em sua coleção inspirada na África. Foram usadas com calças, saias-calças ou bermudas, sempre com gola esporte, frente abotoada, quatro bolsos chapados e cinto ou faixa marcando a cintura.

Saia-calça

Vestimenta estritamente feminina, revolucionou a moda em 1890. Há quem diga que foi inspirada nas calças amplas usadas pelos operários franceses no final do século XIX, mas uma espécie de saia-calça plissada e enfeitada com rendas foi usada pelos homens já no século XVI, a *rhingrave*. As primeiras saias-calças surgidas nos anos 1890 eram longas e bufantes. Por sua forma intermediária entre saia e calça, foram prontamente usadas pelas mulheres para o esporte, especialmente ciclismo. Em 1911 Paul Poiret incluiu a saia-calça entre seus modelos. Na década de 1940 foi usada novamente para o ciclismo. Nos anos 1960 e 1970 foi relembrada num comprimento que atingia a canela. Hoje a saia-calça faz parte do uniforme das policiais militares em vários estados do Brasil.

Saia godê

A saia godê possui pouco volume de tecido junto ao cós e amplidão na barra. É formada por uma ou duas partes cortadas com linha curva na cintura e bainha, resultando na combinação do fio reto com o enviesado. Embora as características do godê já fossem conhecidas na costura, o godê foi usado como saia na década de 1950, quando sua amplidão era evidenciada por camadas de anáguas.

Saia micro

Como o nome indica, é uma saia exageradamente curta, que cobre apenas as nádegas, deixando as pernas totalmente à vista. Passou rapidamente pela moda nos anos 1960.

Saia mídi

Com bainha atingindo a canela, a saia midi foi lançada no final dos anos 1960, quando a moda pedia seu uso com botas que atingiam os joelhos. Dez anos mais tarde, voltou sob o nome mi-mollet (do francês *demi-mollet*, "meio da barriga da perna").

Salto agulha

Também conhecido por salto *stiletto*, foi lançado na Itália nos anos 1950. Para não haver a possibilidade de quebrar, seu interior era (e é) de metal e chega a nove centímetros de altura. Inicialmente, foi usado em modelos escarpins. Hoje, o salto agulha, considerado o mais *sexy* dos saltos, empresta o *glamour* a sandálias com tiras finíssimas.

Salto alto

O uso do salto alto foi iniciado pelos homens, em botas de montaria, que procuravam firmar os pés nos estribos. No início não eram muito altos, mas foram aumentando pouco a pouco até chegarem a uma altura mais extrema na França, no século XVI.

Durante a Idade Média, a necessidade de proteger os pés da lama e dos dejetos incentivou o uso de botas com solas grossas e saltos altos. Com a mesma finalidade, também surgiu um tamanco, verdadeiro pedestal de madeira, que mantinha calcanhar e planta do pé numa altura que ultrapassava trinta centímetros.

Durante o século XVII, na França, botas masculinas com saltos altos eram comuns. Luís XIV, incomodado por sua baixa estatura, pediu que aumentassem a altura dos saltos de seus sapatos. Não tardou para a nobreza, incluindo as damas da corte, seguir o exemplo. Depois de algum tempo, os homens cansaram de andar nas alturas, mas as mulheres não. Desde então, há diferença na altura dos saltos entre os gêneros.

A partir daí os sapatos passaram a designar nível social e surgiram modelos enfeitados com vistosas fivelas, laços e joias. No século XVIII as mulheres da corte de Luís XV usavam sapatos de brocado com saltos de até oito centímetros de altura. Não foi o luxo do material que chamou a atenção do lado feminino, mas a beleza do salto. Mulheres de outros países não demoraram a adotar a moda parisiense, usando o salto Luís XV.

Salto anabela

Com formato de cunha, esse salto proporciona melhor equilíbrio ao corpo, pois oferece apoio total à planta do pé. Desde seu lançamento, em 1930, é relembrado de tempos em tempos pelos estilistas.

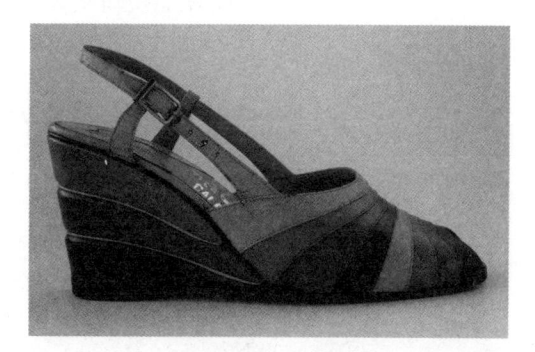

Sapatilha

No final do século XIX sapatilhas eram exclusividade das bailarinas, aparecendo ao lado de amplas saias com camadas e camadas de tule. Em 1953 a ex-bailarina Audrey Hepburn as resgatou para a tela do cinema, calçando-as no filme *Férias romanas*, ao lado de Gregory Peck. O sucesso foi tanto que Salvatore Ferragamo lançou, em 1954, o modelo "Audrey".

E Deus criou a mulher (1956) foi outro grande sucesso das telas, com Brigitte Bardot usando sapatilhas. Bardot desejava que as sapatilhas, além de confortáveis, combinassem com um estilo ingênuo e deixassem à vista o "nascimento dos dedos".

Para tanto, confiou sua execução à Rose Repetto, especialista em sapatilhas para bailado. A moda estava lançada. Elas eram presença obrigatória nos pés de Brigitte Bardot em Saint-Tropez, e Audrey Hepburn as usava com roupas de Givenchy ou combinadas com a kilt e o *twin-set*.

Em 1969, o excesso de saltos-agulha prejudicou o uso de saltos altos. Courrèges aproveitou o momento e mostrou sua moda futurista, com calçados absolutamente planos.

Na década de 1970 as sapatilhas foram usadas em todas as cores, complementando a moda jovem. Em 1987 o clássico de Chanel - bicolor em bege e preto - surgiu em forma de sapatilha. Com grifes elegantes, o calçado, inicialmente aliado da descontração e da ingenuidade, ganhou *status*.

Sapato

O sapato acompanha o homem desde o início da civilização. Na Pré-História, a pele de animais protegia os pés do frio e das asperezas do solo. Longas tiras de couro que passavam por furos feitos na pele animal mantinham-no ajustado ao tornozelo.

Outros materiais foram usados em regiões quentes, como fibras vegetais trançadas (papiro, especialmente) e solado de madeira. Uma sandália feita com papiro tecido foi encontrada numa tumba egípcia datada de 2.000 anos a.C.

Sári

Traje tradicional das mulheres indianas, trata-se de uma longa peça de tecido de seda com 6 m de comprimento por 1,5 m de largura, enrolado em volta do corpo. Uma de suas pontas forma a saia, e a outra é drapeada em torno do seio, jogada sobre o ombro ou cabeça. A maneira de usá-lo depende da época, região e pessoa.

Sautoir

Longo colar de pérolas ou pérolas combinadas a correntes e pedras coloridas, muito usado na década de 1920, complementando vestidos com cintura baixa.

Short

Inicialmente, essa calça curta, que deixa as pernas à vista, era um traje masculino. A partir dos anos 1920, foi usado por mulheres e ganhou comprimentos variados. Até a década de 1970, o uso do short era relacionado ao esporte e momentos informais, quando passou a ser mostrado com ares citadinos, em conjuntos com casaquinhos ou usados sob saias maxi, abertas na frente.

Smoking feminino

Falar em smoking feminino é falar em Saint Laurent, que o lançou em 1966, como símbolo da mulher livre e sensual. Com perspicácia e uma dose de magia, combinou a austeridade negra do smoking com a sensualidade da blusa transparente, usada sobre seios nus.

Mas de onde surgiu o nome smoking? No início do século XX, em reuniões sociais, havia um local reservado aos fumantes, proibido às mulheres. Os homens, para frequentá-lo, vestiam trajes pretos, trocados posteriormente para não incomodar os convivas com o cheiro da fumaça.

Spencer

No final do século XVIII, com o aparecimento das cinturas altas da moda Império, os casacos encurtaram. Foi quando surgiu o casaco *à la* Spencer, vindo da moda masculina lançada por lorde Spencer, que encurtara seu casaco. Spencer passou a denominar um casaquinho curto que chegava até a cintura, com abotoamento simples ou duplo, usado pelos homens. Sua praticidade o tornou vestimenta de trabalho nos anos 1840. No início do século XIX foi adaptado às mulheres como um casaquinho que terminava logo abaixo do busto. A ideia básica sofreu alterações na modelagem, chegando a se tornar uma peça decotada, com mangas ou não. Mas a ideia inicial, do casaquinho com bainha na altura da cintura, prevaleceu. Detalhes femininos foram acrescentados e o spencer, inicialmente masculino, hoje é visto como um clássico no guarda-roupa da mulher.

Suéter tricotado à mão da coleção outono-inverno 2000-2001 de Céline, em Paris.

Suéter

A palavra suéter originou-se do inglês *sweat* (suar, transpirar). No final do século XIX a camisa de lã tricotada (o suéter) era usada por esportistas para provocar transpiração. No século XX o suéter foi incorporado ao vestuário diário, como uma peça de malha de lã com mangas e barra um pouco abaixo da cintura. No final dos anos 1930 a moda pedia suéteres enfeitados com *chiffon* e bordados com pedrarias. Na década de 1940 suéteres curtinhos, com barra na altura da cintura, eram a grande moda. Nos anos 1950 as mulheres invadiram o guarda-roupa masculino: suéteres masculinos, amplos e compridos, foram usados com fusôs e sapatilhas. Hoje, há modelos de suéteres para todos os gostos, inclusive unissex, com modelagem folgada.

Suspensório

No século XVIII tiras de tapeçaria ou cordões eram usados sobre os ombros para segurar calções masculinos. No século seguinte cintos e suspensórios eram feitos e vendidos por Albert Thurston em seu empório localizado no nº 27 da Panton street, Haymarket, Londres. Até hoje, a aristocracia inglesa reconhece a qualidade e a tradição dos suspensórios Albert Thurston, com clientes como Frank Sinatra e Michael Douglas. Os modelos mais tradicionais ainda mostram fivelas de latão polidas à mão.

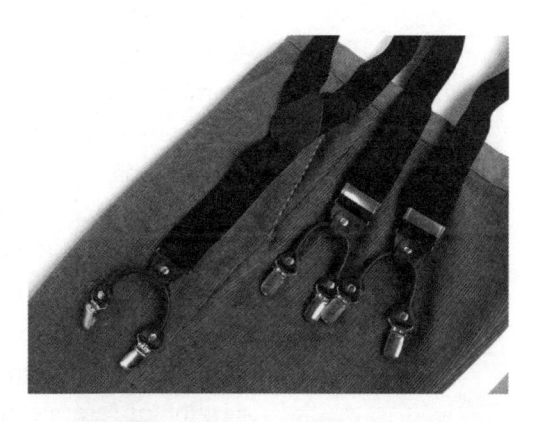

No final do século XIX foram vários os materiais usados na confecção de suspensórios: algodão, borracha, veludo, lona e seda. A modelagem é a que vigora até hoje: duas tiras passadas sobre os ombros, com as pontas presas às calças por botões, na frente e atrás. Depois os botões foram substituídos por fivelas. As tiras se juntam no centro das costas e evitam que escorreguem sobre os ombros. No século XX a maioria dos suspensórios era feita de elástico. Nos anos 1960 e 1970 algumas jovens usaram suspensórios, como complemento da moda unissex.

Sutiã

Na Grécia antiga havia certa preocupação com os seios. As mulheres usavam um corpete atado por ilhoses, que erguia os seios nus, ou uma tira de tecido enrolada sobre o peito, impedindo que balançassem ao andar.

As damas romanas seguiram os passos das gregas. As jovens enrolavam um pedaço de tecido sobre os seios para conter seu crescimento, e aquelas com busto avantajado usavam o tecido atado ao corpo, para disfarçar seu tamanho.

Na França do século XII as mulheres usavam um espartilho de tecido encorpado que estrangulava a cintura e valorizava o busto. No século seguinte a vitrina de uma costureira especializada em espartilhos propalava: "Contém os fortes, sustenta os fracos, junta os separados".

No final do século XVI, durante a Revolução Francesa, o uso do espartilho foi abandonado. Os seios eram sustentados por um lenço amarrado abaixo deles. Durante o Império Napoleônico, Leroy, especialista na confecção de espartilhos, criou o modelo com barbatanas, que valorizava os seios separados.

Em francês, *soutien* (sustentáculo, apoio), cuja raiz é o verbo *soutenir* (sustentar, segurar), deu origem ao nome *sutiã*.

Século XX - primeiro sutiã

No início do século XX, sob influência de Poiret - que aboliu a cintura estrangulada e deu liberdade ao corpo feminino -, o espartilho foi cortado, permanecendo apenas sua parte superior, ou seja, o sutiã. O primeiro sutiã foi criado em 1912 e era usado sobre a camisa que as mulheres usavam sob o vestido. Seu sucesso não foi grande: era incômodo e, em vez de sustentar, comprimia os seios. Enquanto isso, em Nova York, Mary Jacobs, uma dama da sociedade local, se tornava a responsável pela decadência do espartilho. Em 1913 ela comprou um vestido para festa que, para sua tristeza, mostrava claramente o contorno do espartilho. Usou então sua criatividade e, com dois lenços brancos, uma faixa e um cordão, confeccionou um sutiã simples, sem alças, como o vestido pedia. O sutiã leve e prático causou admiração entre suas amigas, presenteadas com o novo modelo.

Em 1914, com a patente de sua criação em mãos, Mary Jacobs confeccionou manualmente centenas de sutiãs. Mas o negócio ia mal. Sem marketing, era impossível prosseguir. Por casualidade, Mary foi apresentada à desenhista da Warner Brothers Corset Company Bridgeport, de Connecticut. Após conhecer sua invenção, a empresa adquiriu os direitos da patente por 1.500 dólares e lançou inovações próprias.

Na década de 1920, Ida Rosenthal, imigrante judia russa, fundou com seu marido a Maidenform. A moda ditava peito achatado, mas Ida mudou o conceito de belo com sutiãs que realçavam bustos de tamanhos diversos, adequados a todas as idades, da puberdade à maturidade.

Os seios readquiriram valor no corpo da mulher, e a modelagem dos sutiãs se modificou: a profundidade das taças foi acentuada, e uma infinidade de modelos deu diferentes formatos aos seios, mudando a silhueta de acordo com a moda. Algumas vezes, completamente achatados, em outras, valorizados por formas arredondadas, pontudas ou simplesmente naturais.

Nos anos 1940 o sutiã colaborou para o New Look do pós-guerra. Na década seguinte quase desapareceu com a moda-saco. Então, os seios foram mais uma vez prestigiados. Foi quando a etiqueta Lejaby lançou o modelo *balconnet*, ou "varanda". A intenção era fazer uma associação de ideias - os seios eram exibidos como numa varanda. Nessa valorização, estrelas como Brigitte Bardot, Gina Lollobrigida e Jane Mansfield foram protagonistas.

Muitas mulheres aboliram o sutiã nas décadas de 1960 e 1970. Igualdade era a palavra-chave da juventude. Assim, camiseta sobre a pele, jeans e tênis passaram a ser moda universal. A partir dos anos 1980, o sutiã voltou como peça íntima imprescindível. O modelo *balconnet,* responsável por lindos colos exibidos em ousados decotes, reapareceu com força total. Lycra®, seda pura, renda e algodão apareceram em inúmeros modelos, inocentes ou provocantes.

Tailleur Chanel

Inicialmente feito de tweed ou em príncipe de Gales, o tailleur Chanel mostrava (ou não) imaculados punhos de piquê branco e gola arrematada por laço e camélia. Cintos de correntes douradas e profusão de colares eram constantes.

O tailleur se tornou um clássico com bolsos, lapelas e beiradas contornadas por galões e botões trabalhados, combinando pérolas com metal dourado. A harmonia se completa com camisas e forros de jaquetas feitos da mesma seda.

Tailleur com calça

Yves Saint Laurent, que lançou o smoking feminino, idealizou, nos anos 1960, o tailleur com calça, durante muito tempo chamado de "terninho".

Saint Laurent soube como poucos adaptar peças até então exclusivas dos homens ao guarda-roupa feminino. Seu tailleur com calça vinha acompanhado de uma romântica blusa de seda com laçarote junto à gola, e seu smoking surgiu nas passarelas junto a uma audaciosa blusa transparente.

Tela Louis Vuitton

Filho de marceneiro, Louis Vuitton deixou sua terra natal aos 14 anos e, no espaço de um ano, percorreu os 400 quilômetros que o separavam de Paris. Nesse ínterim, trabalhou em cozinhas de albergues e estrebarias.

Em Paris, aproveitou a experiência em marcenaria e, em 1837, tornou-se aprendiz de *monsieur* Maréchal, um dos mais reputados artesãos de baús de viagem. Nessa época, a classe abastada tinha o costume de viajar e a procura por grandes baús era intensa.

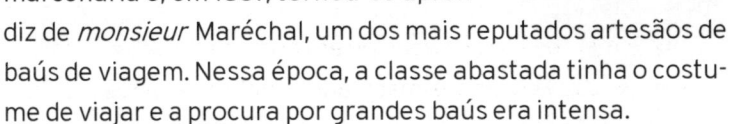

Em 1854 Louis Vuitton abriu seu próprio negócio. Além dos baús abaulados, quatro anos mais tarde mostrou à sociedade uma mala lisa, que ocupava menos espaço e podia ser sobreposta às outras. Em seguida, substituiu o couro por uma tela mais resistente.

O sucesso se propagou e, entre os clientes de Vuitton, havia o czar russo Nicolau, o rei Afonso XII da Espanha e o egípcio Ismail Pacha. Entre as encomendas, havia malas com gavetas e malas-cama. As malas LV, além de belíssimas e funcionais, já eram símbolo de *status*.

Em 1896, as riscas geométricas que identificavam as telas LV foram abandonadas, por serem fáceis de imitar. Georges Vuitton, seu filho, foi o responsável pelo novo desenho que perdura até hoje: o losango com a estrela em negativo, o círculo com uma flor e as iniciais LV entrelaçadas. Assim surgiu a tela monograma.

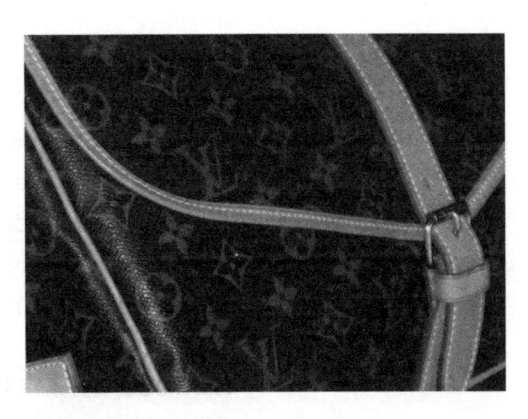

Outros desenhos foram lançados, e a clássica combinação do bege com marrom cedeu lugar a um leque de cores.

Tênis

Desenvolvido na virada do século XX para a prática do tênis, o calçado tinha sola de borracha e parte superior de lona, amarrado com cadarços. A partir da década de 1970, incorporou-se ao *street wear*, confeccionado com outros materiais, como couro natural e tecidos sintéticos.

Na área esportiva a modelagem se diversificou e se aprimorou, atendendo às necessidades de cada segmento: corrida, basquete, vôlei, etc. O visual ganhou cores e desenhos inéditos, com direito até ao dourado.

Tergal

Nos anos 1950 a saia plissada de tergal e o *twin-set* de banlon se tornaram um uniforme inseparável. Nessa época, a Cia. Brasileira Rhodiaceta (filial da Rhône-Poulenc francesa) iniciou a produção de fibras sintéticas no Brasil. Embora elas se destinassem ao consumo popular, era importante que entrassem no mercado pelas classes privilegiadas. Costureiros indicavam, mulheres da alta sociedade usavam e colunistas sociais divulgavam o artigo de raízes francesas, visto artigos nacionais serem considerados inferiores.

A moda da elite despertou interesse geral. As fibras sintéticas entraram na moda. A produção aumentou e os preços caíram, fazendo que o tergal, assim como o ban-lon, se popularizassem.

Terninho

Conjunto feminino de calça e paletó, inspirado no terno masculino, que entrou em moda com o movimento unissex dos anos 1960. No passado, roupas masculinas usadas por mulheres causavam comentários. George Sand (1804-1876), cujo verdadeiro nome era Aurore Dupin, assumiu um pseudônimo para evitar que o preconceito a impedisse de ganhar a vida como escritora. Tornou-se conhecida pela forma anticonvencional de vestir-se como homem e fumar charutos.

Nos anos 1930 a influência do guarda-roupa masculino nos trajes femininos marcou a moda. Nessa década, o terninho, cópia da roupa usada pelos homens desde o final do século XIX, foi adotado pelas mulheres, entre elas Marlene Dietrich. Nos anos 1960 Yves Saint Laurent idealizou o tailleur com calça, o popular "terninho".

Training (abrigo)

O conjunto de duas peças, composto por blusão de mangas longas com frente fechada por zíper e calça ajustada nos tornozelos com elástico ou cordão na cintura, é conhecido por *training* ou "abrigo". Confeccionado em malha grossa de algodão ou fibras sintéticas, era usado só por atletas, até que, no final dos anos 1960 e início dos 1970, sua praticidade foi descoberta e seu uso se difundiu entre frequentadores de academias, clubes e quadras. As pessoas saíam das academias vestidos com *trainings* e seus acessórios adequados: tênis, mochila, faixa na cabeça e relógios esportivos, grandes e coloridos. Não tardou para que a praticidade do conjunto se fizesse notar pelas escolas, que o adotaram como parte do uniforme. Hoje, a moda dos *trainings* nas ruas acabou, mas eles continuam ligados à sua origem, o esporte.

Trench-coat

As mais famosas marcas de *trench-coats* são inglesas: Burberry e Aquascutum. O início da escalada deu-se em 1856, quando Mr. Burberry, observando o material dos sobretudos usados pelos pastores, constatou que eram perfeitamente adaptados ao clima do norte da Inglaterra. Eram de linho encerado, com trama bem fechada. Então, fabricou uma gabardine impermeável em substituição à borracha Mackintosh. Foi imortalizado por Humphrey Bogart nos anos 1950 e, atualmente, aparece nas passarelas até em versão de modelo para a noite, confeccionado em organza, cetim ou brocado.

Tricô

Trabalho manual de entrelaçamento de um único fio longo por meio de duas agulhas, o tricô era feito por homens. As meias constituem a mais antiga peça do vestuário, usadas pelos coptas: num túmulo copta do século V foram encontradas meias infantis. Nessa época era comum o uso de sandálias, então as meias apresentavam separação para o dedão do pé, por onde passavam as tiras do calçado. No final da Idade Média, os trabalhos em tricô eram executados principalmente na Itália e Espanha, países com grandes criações de carneiros.

Tricô feito com agulhas grossas. Coleção outono-inverno 1999-2000, de Emanuel Ungaro, Paris.

Túnica

A túnica era uma peça simples e popular, feita de tecido de lã e usada por homens e mulheres em ambientes internos. Era uma peça reta, formada por dois retângulos de tecido presos sobre os ombros com broches ou alfinetes, usada solta ou ajustada na cintura por faixa.

No século I as túnicas romanas eram de lã, posteriormente feitas com tecidos de linho ou algodão. Mais tarde, confeccionadas em seda, eram usadas pelas classes privilegiadas, às vezes bordadas com fios de ouro e pedras preciosas. Mulheres usavam túnicas mais longas que os homens, chegando aos pés. No ano 330 d.C., em Constantinopla, o imperador Constantino usava túnica de tecido dourado e bordado.

No início do século XX, a túnica foi relembrada por Paul Poiret e outros estilistas, que a usaram para realçar a silhueta longilínea que antecedeu a Primeira Guerra. Nos anos 1960, a túnica voltou à moda, num efeito de sobressaia: o vestido-túnica com barra acima do joelho era usado sobre uma saia um pouco mais longa. Nessa década, a túnica também foi usada sobre a calça odalisca e, no início dos anos 1970, sobre a calça boca-de-sino. Sob influência *hippie*, as túnicas indianas, de algodão puro ou seda e bordados característicos, foram amplamente usadas.

Hoje, é mais longa que a blusa, usada geralmente sobre calça comprida, fusô, short ou saia, além de vestidos curtos e trajes longos.

Turbante

Essa longa faixa de tecido enrolada em volta da cabeça se originou no Oriente Médio. Uma expedição de Napoleão

Turbante lançado por Poiret. Ilustração de Georges Lepape, 1911.

Bonaparte ao Egito no final do século XVIII trouxe o turbante à França e Inglaterra, onde foi usado como chapéu feminino.

No final dos anos 1910, o estilista Paul Poiret lançou o turbante como moda no Ocidente. Os turbantes foram largamente usados após as duas Grandes Guerras. Nas décadas de 1940 e 1950, se tornaram famosos, incentivados por figuras como Carmem Miranda.

Tweed

A palavra *tweed* não é uma distorção de *twill*, "sarja". No século XIX, a região do rio Tweed, na Escócia, era um grande centro de indústria têxtil, e a imagem do tecido fabricado ali foi associada ao nome do rio que cortava a região. O tweed é um tecido de lã, com textura áspera e pontos coloridos. É utilizado em blazers, casacos e tailleurs. Em acessórios, aparece em bolsas, bonés e como detalhe em cintos e sapatos. Na decoração, é usado em revestimentos de estofados.

Twin-set

O conjunto formado por suéter de mangas curtas e cardigã nasceu nos anos 1930 pelas mãos de Chanel e do estilista Jean Patou. O resultado agradou. Os seios moldados pelo suéter de mangas curtas ficavam discretamente protegidos pelo cardigã.

HISTÓRIAS DA MODA

Velcro

Esse fecho resultou da observação e da intenção de aproveitar um processo natural. Tudo aconteceu em 1948, quando o suíço George de Mestral, durante uma excursão alpina, sentiu-se incomodado com os carrapichos que grudavam em suas calças. Ao arrancá-los, percebeu que se prendiam fortemente ao tecido, e pensou que era possível usar princípio semelhante para criar um fecho que substituísse o zíper.

Mestral começou criando um carrapicho sintético, mas sua proposta não convenceu os peritos da indústria têxtil. Somente um tecelão de uma fábrica de Lyon a considerou viável. Utilizando um pequeno tear manual, produziu uma tira de algodão com pequenos ganchinhos e outra com ilhoses minúsculos. Quando apertou uma tira contra a outra, elas se aderiram firmemente, e só se separaram quando puxadas. O princípio do velcro estava criado.

O algodão foi substituído pelo náilon, mais resistente, pois o repetido abrir e fechar desgastava os ganchos e ilhoses. Mas ainda não era o ideal. Era preciso maior resistência, que surgiu quando Mestral, tecendo o fio de náilon sob uma luz infravermelha, descobriu que ele se endurecia e criava ganchinhos e ilhoses quase indestrutíveis.

Para o nome, Mestral se inspirou no *vel* de veludo, simplesmente porque gostava do som, e no *cro* de *crochet*, que significa gancho. Na metade dos anos 1950 o velcro estava à venda. No final da década, já eram fabricados 60 milhões de metros de velcro ao ano.

Jean-Antoine Watteau, *Tabuleta de Gersaint*, 1720.

Watteau

Watteau foi o nome dado ao modelo de vestido mostrado nas pinturas de Jean-Antoine Watteau. O detalhe principal estava nas costas, onde pregas profundas partiam do alto e garantiam amplidão até a barra. Com o tempo, Watteau deixou de ser relacionado ao modelo de vestido e sim ao tipo de prega que o caracterizou. Atualmente, fala-se em "pregas Watteau", usadas principalmente em vestidos de noiva.

Xadrez Vichy

O padrão – conhecido como xadrez "piquenique" – mostra um quadriculado pequeno e branco e uma segunda cor, sempre em tom pastel (rosa, azul, lilás, amarelo, etc.). Seu nome vem da cidade francesa de Vichy, famoso centro de produção de tecidos axadrezados. Conhecido desde o século XIX, tornou-se famoso no final da década de 1950, quando Brigitte Bardot usou, em seu casamento com Jacques Charrier, um modelo em xadrez Vichy rosa e branco, enfeitado com bordado inglês. O vestido foi especialmente criado por Jacques Estérel para a ocasião.

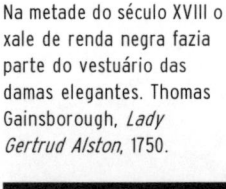

Na metade do século XVIII o xale de renda negra fazia parte do vestuário das damas elegantes. Thomas Gainsborough, *Lady Gertrud Alston*, 1750.

Xale

A manta quadrada ou retangular, feita de lã ou seda e usada pelas mulheres em volta dos ombros e tronco, originou-se da Caxemira. No século XVII, artesãos teciam em teares montados com 2 mil ou 3 mil fios de finíssima lã conhecida como *cashmere*. Os xales, com desenhos bem definidos, foram reproduzidos em estampados, brocados e bordados: a palheta caxemira, forma estilizada de folha de palmeira.

No século XVIII, soldados britânicos e franceses retornando das guerras na Índia levaram para a Europa belíssimos xales que se tornaram peças de alto valor. No início do século XIX a França passava por dificuldades de importação e começou a fabricar seus próprios xales. A cidade escocesa de Paisley também era famosa pela produção de um tecido de lã penteada: suas indústrias usufruíram da moda dos xales de caxemira, tecendo o motivo de folha estilizada de palmeira em grandes xales quadrados, em tons de vermelho e marrom. Esse padrão ficou conhecido como Paisley e apareceu em xales usados no fim do século XIX e início do século XX.

Hoje os xales são lisos ou estampados, feitos de lã, seda ou outro tecido, tricotados, bordados ou franjados. Constituem peça importante em trajes regionais.

O xale colorido aparece com destaque na tela de Claude Monet, *Mme Gaudibert*, 1868.

Zíper

Esse fecho, formado por duas fileiras de dentes metálicos que se entrelaçam pela passagem de uma peça corrediça, não foi criado para competir com os botões nem para substituir ganchos, mas para fechar botas de cano alto, no final do século XIX.

O zíper resultou de uma persistente luta tecnológica. Foram necessários vinte anos para tornar a ideia realidade, e mais dez anos para convencer os compradores de sua praticidade e eficiência.

Em 29 de agosto de 1893 o mecânico Whitcomb Judson, de Chicago, patenteou um fecho constituído por ganchos e orifícios, com uma garra para abrir e fechar, visível em suas botas e nas de seu sócio, Lewis Walker. Apesar de possuir dezenas de patentes relacionadas a motores e freios e de ser um conhecido inventor, Judson não convenceu ninguém sobre seu novo fecho para botas. As pessoas viam naquela fileira de ganchos algo que lembrava um aparato medieval de tortura. Até mesmo na Exposição Mundial de Chicago, em 1893, cheio de pessoas ávidas por novidades, ele foi ignorado.

A primeira encomenda chegou à firma de Judson e Walker por meio da Universal Fastener. O Serviço de Correios dos Estados Unidos encomendou vinte sacos para correspondências com o novo fecho, que acabou enroscando e foi removido.

Judson aperfeiçoou sua invenção, mas quem concretizou a praticidade do fecho foi o engenheiro sueco-americano Gideon Sundback. Em 1913, Sundback trocou o sistema de ganchos e ilhoses por uma peça pequena, que, ao passar, entrelaçava uma sequência dupla de dentes. Nascia o zíper.

Os primeiros pedidos foram feitos pelo Exército dos Estados Unidos, para uso em roupas e equipamentos durante a Primeira Guerra. O uso dos zíperes em roupas para a população só aconteceu em 1920, sem êxito. O metal enferrujava, e os zíperes eram retirados das roupas antes da lavagem e novamente pregados quando secas. As roupas com zíperes vinham com manual de instrução para funcionamento e manutenção.

O nome "zíper" foi dado por Benjamin F. Goodrich em 1923, quando sua companhia apresentou ao público botas de borracha, não com ganchos e ilhoses, mas providas de um fecho mais prático. Goodrich se inspirou no barulho que ouvia ao fechar as botas.

A popularização do zíper foi rápida, pois oferecia segurança e contornava o problema inicial da oxidação. Hoje, o princípio do entrelaçamento de dentes continua igual. Para o vestuário, os zíperes de náilon são mais usados por serem mais leves e delicados. Zíperes de metal, plástico ou náilon são usados em malas, bolsas, mochilas, botas, agendas, sacos de transporte, almofadas, revestimentos de móveis estofados e capas de prateleiras.

No Japão, zíperes enormes permitem a ampliação sem limite de grandes barracas, e são utilizados em ousados projetos arquitetônicos: sob a maior ponte suspensa do mundo, a Akashi-Kaikyo, construída em 1998, fortes zíperes possibilitam o acesso e a limpeza de reservatórios que captam fragmentos de material desprendidos durante movimento de dilatação.

Referências bibliográficas

BOUCHER, François. *Histoire du costume en Occident de l'Antiquité à nos jours.* Paris: Flammarion, 1965.

BRODBECK, Didier & MONGIBEAUX, Jean-François. *Chic & toc.* Paris: Balland, 1990.

CALLAN, Georgina O'Hara. *Enciclopédia da moda.* São Paulo: Companhia das Letras, 1992.

COUTINHO, Maria Rita & VALENÇA, Máslova Teixeira. *A moda no século XX.* Rio de Janeiro: Editora Senac Nacional, 2000.

ERNER, Guillaume. *Vítimas da moda?* São Paulo: Editora Senac São Paulo, 2005.

FISCHER-MIRKIN, Toby. *O código do vestir.* Rio de Janeiro: Rocco, 2001.

PANATI, Charles. *Las cosas nuestras de cada día.* Barcelona: Ediciones B, 1988.

PEZZOLO, Dinah Bueno. *Moda fácil.* São Paulo: Códex, 2003.

_____. *A pérola: história, cultura e mercado.* São Paulo: Editora Senac São Paulo, 2004.

POIRET, Paul. *En habillant l'époque.* Paris: Grasset, 1986.

ROSELLE, Bruno. *La mode.* Paris: Imprimerie Nationale, 1980.

SAINT LAURENT, Cecil. *Histoire imprevue des dessous feminins.* Paris: Herscher, 1986.

VINCENT-RICARD, Françoise. *Objets de la mode.* Paris: Du May, 1989.

WALLACH, Janet. *Chanel: seu estilo e sua vida.* São Paulo: Mandarim, 1999.

Índice geral

Abotoadura, 95
Acessórios Chanel, 96
Alpercata, 97
Alta-costura, 27
Anágua, 98
Anoraque, 99
Anquinha, 99
Autoentrevista sobre moda, 85
Avental, 99
Babouche, 100
Baby-doll, 100
Bandana, 100
Basque, 101
Bata, 101
Bermuda, 101
Bijuteria, 102
Biquíni, 102
Blazer, 103
Bloomers, 104
Blusão Perfecto, 104
Boá, 105
Boina, 105
Bolero, 106
Bolsa Kelly, 107

Bolsa pessoal, 107
Bolso, 111
Bombacha, 112
Boné, 112
Boné Sherlock Holmes, 113
Bordado inglês, 113
Bota, 113
Bota feminina, 114
Bota western, 115
Botão e casa, 115
Bustiê, 116
Cabã, 117
Caftã, 117
Calça, 117
Calcinha, 118
Camisa, 120
Camiseta, 122
Camisola, 123
Capa, 124
Capa de chuva, 124
Cardigã, 124
Catsuit, 125
Cauda, 125
Caxemira, 126

Chapéu, 126
Chapéu *cloche*, 127
Chapéu coco, 127
Chapéu panamá, 128
Chatelaine, 128
Chemisier, 129
Ciclo de vida da moda, O, 65
Cigarette, 129
Cinema, O, 24
Cinta, 130
Cinta-liga, 130
Colarinho, 132
Collant, 133
Combinação, 133
Conjunto marinheiro, 134
Corpete, 134
Corpinho, 135
Costume, 135
Crinolina, 136
Culote, 137
Da Europa para o mundo, 18
Desenvolvimento têxtil no pós-Guerra, 23
Desfile na plateia, O, 74
Dragonas, 137
Egrete, 137
Elástico, 138
Época das coleções, 72
Escarpim, 140
Escolas de moda, 57
Espartilho, 140
Estilo, 32
Estola, 142
Evolução nos séculos XX e XXI, 37
Fatores que influenciam a moda, 17
Fenda, 142
Força da etiqueta, A, 62
Fusô, 143
Fuxico, 143
Galocha, 144
Gargantilha, 145
Gola Claudine, 145
Gola xale, 145
Gravata, 146
Gravata borboleta, 147
Guarda-pó, 148
Guarda-sol e guarda-chuva, 148
Habilée,
Havaianas, 149
Histórias da moda, 95
Impermeável para chuva, 150
Imprensa e a moda, A, 69
Imprensa e o *prêt-à-porter*, A, 25
Influência da Segunda Guerra Mundial na moda, 22
Jabô, 151
Japona, 151
Jardineira, 151
Jeans, 152
Jogging, 153
Joias, 153
Jornalismo de moda, 69
Keds, 154
Kilt, 155
Knicker, 156
Leggings, 157
Lenço, 157
Leque, 158
Liberty, 159
Liga, 159
Linha Império (ou Linha Diretório), 160
Linha princesa, 161
Linha saco, 161
Liseuse, 162
Lurex, 162
Luvas, 163
Lycra, 165
Macacão, 165
Macramê, 166
Maiô, 167
Manga balão, 168

ÍNDICE GERAL

Manga bufante, 168
Manga dólmã, 168
Manga pagode, 169
Manga presunto, 169
Manga raglã, 169
Meia-calça, 170
Meias, 173
Militar, 174
Minissaia, 174
Mitene, 175
Mocassim, 175
Moda de confecção e alta-
   -costura, 12
Moda, A, 11
Mule, 176
Négligé, 176
Nesga, 176
Nota do editor, 7
Novo século, novo conceito, novo
   fenômeno, 66
O que não é mostrado, 83
Óculos Ray-Ban, 177
Ombreira, 177
Paletó, 178
Paletó de montaria, 178
Palheta, 178
Parca, 179
Passamanaria, 179
Patchwork, 179
Pelerine, 181
Penhoar, 181
Pijama, 182
Plataforma, 182
Plissê, 183
Pochete, 184
Poder das fotos, O, 77
Polo Lacoste, 185
Poncho, 186
Popularização da costura e da
   moda, 15
Prega embutida (ou fêmea), 186

Prega faca, 187
Pretinho, 187
Referências bibliográficas, 215
Regalo, 188
Relógio de pulso, 188
Relógio Swatch, 188
Robe, 189
Roupa íntima, 189
Roupa para dormir, 190
Roupão, 192
Saariana, 192
Saia-calça, 192
Saia godê, 193
Saia micro, 193
Saia mídi, 193
Salto agulha, 194
Salto alto, 194
Salto anabela, 195
Sapatilha, 195
Sapato, 196
Sári, 196
Sautoir, 197
Short, 197
Smoking feminino, 197
Spencer, 198
Suéter, 198
Surgimento da moda, 11
Suspensório, 199
Sutiã, 199
Tailleur Chanel, 202
Tailleur com calça, 202
Tela Louis Vuitton, 203
Tênis, 204
Tergal, 204
Terninho, 205
Training (abrigo), 205
Trench-coat, 206
Tricô, 206
Túnica, 207
Turbante, 207
Tweed, 208

Twin-set, 208
Velcro, 209
Watteau, 209
Xadrez Vichy, 210
Xale, 210
Zíper, 211

REDE DE UNIDADES SENAC SÃO PAULO

Capital e Grande São Paulo

Centro Universitário Senac Campus Santo Amaro
Tel.: (11) 5682-7300 • Fax: (11) 5682-7441
E-mail: campussantoamaro@sp.senac.br

Senac 24 de maio
Tel.: (11) 2161-0500 • Fax: (11) 2161-0540
E-mail: 24demaio@sp.senac.br

Senac Consolação
Tel.: (11) 2189-2100 • Fax: (11) 2189-2150
E-mail: consolacao@sp.senac.br

Senac Francisco Matarazzo
Tel.: (11) 3795-1299 • Fax: (11) 3795-1288
E-mail: franciscomatarazzo@sp.senac.br

Senac Guarulhos
Tel.: (11) 2187-3350 • Fax: 2187-3355
E-mail: guarulhos@sp.senac.br

Senac Itaquera
Tel.: (11) 2185-9200 • Fax: (11) 2185-9201
E-mail: itaquera@sp.senac.br

Senac Jabaquara
Tel.: (11) 2146-9150 • Fax: (11) 2146-9550
E-mail: jabaquara@sp.senac.br

Senac Lapa Faustolo
Tel.: (11) 2185-9800 • Fax: (11) 2185-9802
E-mail: lapafaustolo@sp.senac.br

Senac Lapa Scipião
Tel.: (11) 3475-2200 • Fax: (11) 3475-2299
E-mail: lapascipiao@sp.senac.br

Senac Lapa Tito
Tel.: (11) 6888-5500 • Fax: (11) 6888-5567
E-mail: lapatito@sp.senac.br

Senac Nove de Julho
Tel.: (11) 2182-6900 • Fax: (11) 2182-6941
E-mail: novedejulho@sp.senac.br

Senac – Núcleo de Idiomas Anália Franco
Tel.: (11) 3795-1199 • Fax: (11) 3795-1160
E-mail: idiomasanaliafranco@sp.senac.br

Senac – Núcleo de Idiomas Santana
Tel.: (11) 3795-1100 • Fax: (11) 3795-1114
E-mail: idiomassantana@sp.senac.br

Senac – Núcleo de Idiomas Vila Mariana
Tel.: (11) 3795-1200 • Fax: (11) 3795-1209
E-mail: idiomasvilamariana@sp.senac.br

Senac Osasco
Tel.: (11) 2164-9877 • Fax: (11) 2164-9822
E-mail: osasco@sp.senac.br

Senac Penha
Tel.: (11) 2135-0300 • Fax: (11) 2135-0398
E-mail: penha@sp.senac.br

Senac Santa Cecília
Tel.: (11) 2178-0200 • Fax: (11) 2178-0226
E-mail: santacecilia@sp.senac.br

Senac Santana
Tel.: (11) 2146-8250 • Fax: (11) 2146-8270
E-mail: santana@sp.senac.br

Senac Santo Amaro
Tel.: (11) 5523-8822 • Fax: (11) 5687-8253
E-mail: santoamaro@sp.senac.br

Senac Santo André
Tel.: (11) 2842-8300 • Fax: (11) 2842-8301
E-mail: santoandre@sp.senac.br

Senac Tatuapé
Tel.: (11) 2191-2900 • Fax: (11) 2191-2949
E-mail: tatuape@sp.senac.br

Senac Tiradentes
Tel.: (11) 3336-2000 • Fax: (11) 3336-2020
E-mail: tiradentes@sp.senac.br

Senac Vila Prudente
Tel.: (11) 3474-0799 • Fax: (11) 3474-0700
E-mail: vilaprudente@sp.senac.br

Interior e Litoral

Centro Universitário Senac Campus Águas de São Pedro
Tel.: (19) 3482-7000 • Fax: (19) 3482-7036
E-mail: campusaguasdesaopedro@sp.senac.br

Centro Universitário Senac Campus Campos do Jordão
Tel.: (12) 3688-3001 • Fax: (12) 3662-3529
E-mail: campuscamposdojordao@sp.senac.br

Senac Araçatuba
Tel.: (18) 3117-1000 • Fax: (18) 3117-1020
E-mail: aracatuba@sp.senac.br

Senac Araraquara
Tel.: (16) 3114-3000 • Fax: (16) 3114-3030
E-mail: araraquara@sp.senac.br

Senac Barretos
Tel./fax: (17) 3322-9011
E-mail: barretos@sp.senac.br

Senac Bauru
Tel.: (14) 3321-3199 • Fax: (14) 3321-3119
E-mail: bauru@sp.senac.br

Senac Bebedouro
Tel.: (17) 3342-8100 • Fax: (17) 3342-3517
E-mail: bebedouro@sp.senac.br

Senac Botucatu
Tel.: (14) 3112-1150 • Fax: (14) 3112-1160
E-mail: botucatu@sp.senac.br

Senac Campinas
Tel.: (19) 2117-0600 • Fax: (19) 2117-0601
E-mail: campinas@sp.senac.br

Senac Catanduva
Tel.: (17) 3522-7200 • Fax: (17) 3522-7279
E-mail: catanduva@sp.senac.br

Senac Franca
Tel.: (16) 3402-4100 • Fax: (16) 3402-4114
E-mail: franca@sp.senac.br

Senac Guaratinguetá
Tel.: (12) 2131-6300 • Fax: (12) 2131-6317
E-mail: guaratingueta@sp.senac.br

Senac Itapetininga
Tel.: (15) 3511-1200 • Fax: (15) 3511-1211
E-mail: itapetininga@sp.senac.br

Senac Itapira
Tel.: (19) 3863-2835 • Fax: (19) 3863-1518
E-mail: itapira@sp.senac.br

Senac Itu
Tel.: (11) 4023-4881 • Fax: (11) 4013-3008
E-mail: itu@sp.senac.br

Senac Jaboticabal
Tel/Fax: (16) 3204-3204
E-mail: jaboticabal@sp.senac.br

Senac Jaú
Tel.: (14) 2104-6400 • Fax: (14) 2104-6449
E-mail: jau@sp.senac.br

Senac Jundiaí
Tel.: (11) 3395-2300 • Fax: (11) 3395-2323
E-mail: jundiai@sp.senac.br

Senac Limeira
Tel.: (19) 3451-4488 • Fax: (19) 3441-6039
E-mail: limeira@sp.senac.br

Senac Marília
Tel.: (14) 3311-7700 • Fax: (14) 3311-7760
E-mail: marilia@sp.senac.br

Senac Mogi-Guaçu
Tel.: (19) 3019-1155 • Fax: (19) 3019-1151
E-mail: mogiguacu@sp.senac.br

Senac Piracicaba
Tel.: (19) 2105-0199 • Fax: (19) 2105-0198
E-mail: piracicaba@sp.senac.br

Senac Presidente Prudente
Tel.: (18) 3344-4400 • Fax: (18) 3344-4444
E-mail: presidenteprudente@sp.senac.br

Senac Ribeirão Preto
Tel.: (16) 2111-1200 • Fax: (16) 2111-1201
E-mail: ribeiraopreto@sp.senac.br

Senac Rio Claro
Tel.: (19) 2112-3400 • Fax: (19) 2112-3401
E-mail: rioclaro@sp.senac.br

Senac Santos
Tel.: (13) 2105-7799 • Fax: (13) 2105-7700
E-mail: santos@sp.senac.br

Senac São Carlos
Tel.: (16) 2107-1055 • Fax: (16) 2107-1080
E-mail: saocarlos@sp.senac.br

Senac São João da Boa Vista
Tel./Fax: (19) 3623-2702
E-mail: sjboavista@sp.senac.br

Senac São José do Rio Preto
Tel.: (17) 2139-1699 • Fax: (17) 2139-1698
E-mail: sjriopreto@sp.senac.br

Senac São José dos Campos
Tel.: (12) 2134-9000 • Fax: (12) 2134-9001
E-mail: sjcampos@sp.senac.br

Senac Sorocaba
Tel.: (15) 3412-2500 • Fax: (15) 3412-2501
E-mail: sorocaba@sp.senac.br

Senac Taubaté
Tel.: (12) 2125-6099 • Fax: (12) 2125-6088
E-mail: taubate@sp.senac.br

Senac Votuporanga
Tel.: (17) 3426-6700 • Fax: (17) 3426-6707
E-mail: votuporanga@sp.senac.br

Outras Unidades

Editora Senac São Paulo
Tel.: (11) 2187-4450 • Fax: (11) 2187-4486
E-mail: editora@sp.senac.br

Grande Hotel São Pedro – Hotel-escola Senac
Tel.: (19) 3482-7600 • Fax: (19) 3482-7700
E-mail: grandehotelsaopedro@sp.senac.br

Grande Hotel Campos do Jordão – Hotel-escola Senac
Tel.: (12) 3668-6000 • Fax: (12) 3668-6100
E-mail: grandehotelcampos@sp.senac.br

CANAL ABERTO
Para um Senac cada vez melhor.
Críticas, elogios e sugestões.
0800 883 2000
canalaberto@sp.senac.br

EDITORA SENAC SÃO PAULO

DISTRIBUIDORES

DISTRITO FEDERAL

Gallafassi Editora e Distribuidora Ltda.
SAAN – Qd. 2, 1.110/1.120
70632-200 – Brasília/DF
Tel.: (61) 3039-4686 • Fax: (61) 3036-8747
e-mail: vendas@gallafassi.com.br

ESPÍRITO SANTO

Editora Senac Rio
Av. Franklin Roosevelt, 126/604 – Castelo
20021-120 – Rio de Janeiro/RJ
Tel.: (21) 2510-7100 • Fax: (21) 2240-9656
e-mail: comercial.editora@rj.senac.br

GOIÁS

Gallafassi Editora e Distribuidora Ltda.
Rua 70, 601 – Centro
74055-120 – Goiânia/GO
Tel.: (62) 3941-6329 • Fax: (62) 3941-4847
e-mail: vendas.go@gallafassi.com.br

Planalto Distribuidora de Livros
Rua 70, 620 – Centro
74055-120 – Goiânia/GO
Tel.: (62) 3212-2988 • Fax: (62) 3225-6400
e-mail: sebastiaodemiranda@terra.com.br

MINAS GERAIS

Acaiaca Distribuidor de Livros Ltda.
Rua Itajubá, 2.125 – Loja 2 – Sagrada Família
31035-540 – Belo Horizonte/MG
Tel.: (31) 2102-9800 • Fax: (31) 2102-9801
e-mail: distribuidora@acaiaca.com.br

PARANÁ

Distribuidora de Livros Curitiba Ltda.
Av. Marechal Floriano Peixoto, 1.742 – Rebouças
80230-110 – Curitiba/PR
Tel.: (41) 3330-5000/3330-5046 • Fax: (41) 3333-5047
e-mail: atendimento@livrariascuritiba.com.br

RIO DE JANEIRO

Editora Senac Rio
Av. Franklin Roosevelt, 126/604 – Castelo
20021-120 – Rio de Janeiro/RJ
Tel.: (21) 2510-7100 • Fax: (21) 2240-9656
e-mail: comercial.editora@rj.senac.br

RIO GRANDE DO SUL

Livros de Negócios Ltda.
Rua Demétrio Ribeiro, 1.164/1.170 – Centro
90010-313 – Porto Alegre/RS
Tel.: (51) 3211-1445/3211-1340 • Fax: (51) 3211-0596
e-mail: livros@livrosdenegocios.com.br

SANTA CATARINA

Livrarias Catarinense
Rua Fulvio Aducci, 416 – Estreito
88075-000 – Florianópolis/SC
Tel.: (48) 3271-6000 • Fax: (48) 3244-6305
e-mail: vendassc@livrariascuritiba.com.br

SÃO PAULO

Bookmix Comércio de Livros Ltda.
Rua Jesuíno Pascoal, 118
01233-001 – São Paulo/SP
Tel.: (11) 3331-0536/3331-9662 • Fax: (11) 3331-0989
e-mail: bookmix@uol.com.br

Disal S.A.
Av. Marquês de São Vicente, 182 – Barra Funda
01139-000 – São Paulo/SP
Tel.: (11) 3226-3100/3226-3111 • Fax: (11) 0800-770-7105
e-mail: comercialdisal@disal.com.br

Pergaminho Com. e Distr. de Livros Ltda.
Av. Dr. Celso Silveira Rezende, 496 – Jardim Leonor
13041-255 – Campinas/SP
Tel.: (19) 3236-3610 • Fax: 0800-163610
e-mail: compras@pergaminho.com.br

Tecmedd Distribuidora de Livros
Av. Maurílio Biagi, 2.850 – City Ribeirão
14021-000 – Ribeirão Preto/SP
Tel./fax: (16) 3512-5500
e-mail: tecmedd@tecmedd.com.br

PORTUGAL

Dinalivro Distribuidora Nacional de Livros Ltda.
Rua João Ortigão Ramos, 17-A
1500-362 – Lisboa – Portugal
Tel.: +351 21 7122 210 • Fax: +351 21 7153 774
e-mail: comercial@dinalivro.pt

REPRESENTANTES COMERCIAIS

AL-AM-PA-MA-PI-CE-RN-PB-PE

Gabriel de Barros Catramby
Rua Major Armando de Souza Melo, 156 – cj. 153 – Boa Viagem
51130-040 – Recife/PE
Tel./fax: (81) 3341-6308
e-mail: gabrielcatramby@terra.com.br

MINAS GERAIS

Gilsan Representações Ltda.
Rua Cento e Trinta e Seis, 509
32140-400 – Contagem/MG
Tel./fax: (31) 3393-7368
e-mail: gilsaldanha@ibest.com.br